# „So geht´s“: Instagram Marketing 2019

Wie Sie spielend einfach für Ihren Erfolg und Ihr Unternehmen Follower generieren; In Zusammenarbeit mit erfolgreichen Influencer geschrieben - Überarbeitete Ausgabe

Von: **Lifestyle Community**

Originale Erstauflage



Druck/ Auslieferung: Amazon.com oder eine Tochtergesellschaft

**Hinweis**: Die Anwendung- und Umsetzung der in diesem Buch enthaltenen Informationen erfolgt ausdrücklich auf eigenes Risiko!

**Impressum:**

Reinhardt Bleikolm
Hammerbachgasse 18
2620 Neunkirchen
Österreich

# Inhaltsverzeichnis

# Vorwort

Wer nach hochwertiger visueller Inspiration sucht, wendet sich schon lange nicht mehr an die Google-Bildersuche oder Pinterest. Stattdessen wird das Smartphone gezückt, währenddessen überlegt sich der geneigte Nutzer einen passenden Hashtag und gibt diesen bei Instagram ein. Das Ergebnis seiner Suche sind nicht nur die liebevoll selbst gemachten Fotos von Bloggern, von denen einige durch harte Arbeit und ihr Selbststudium durchaus als Profis durchgehen könnten. Auch die Inhalte von werbenden Unternehmen sieht der Instagram-Nutzer. Manchmal erkennt er den Unterschied zwischen beidem nicht einmal genau.

Instagram-Marketing ist inzwischen ein fester Bestandteil des Marketings in sozialen Netzwerken geworden. Denn wer sich tolle Fotos von Essen, der neuesten Mode oder selbst Gebasteltem ansieht, der bekommt Lust darauf, sich die digitale Welt ins echte Leben zu holen. Wie passend, wenn gleich auf dem Instagram-Foto vermerkt ist, wer der Hersteller des tollen Rocks ist, der da über die Berliner Fashion Week getragen wird, und wo er bestellt werden kann!

Wird aus diesem Klick ein Kauf, ist das für den Werbetreibenden nicht nur angenehm in der Kasse, sondern auch in der Analyse. Denn wie alle Formen des Onlinemarketings ist Werbung auf Instagram messbar – in welcher Ausprägung auch immer. Gewisse Effekte der Werbung lassen sich natürlich noch nicht sauber und vollständig durchmessen, etwa der Anteil an Nutzern, der im Laden spezifisch nach Produkten sucht, da sie auf Instagram entdeckt wurden. Vieles lässt sich inzwischen aber mit gängigen oder gar kostenlosen Tools berechnen, analysieren und somit auch optimieren.

In diesem Buch erfahren Sie, wie Instagram sich zu dem entwickelt hat, was es heute ist – und was es überhaupt genau ist. Werbeformen gibt es viele, bezahlte und unbezahlte, deutlich erkennbare und ganz unterschwellige. Der Instagram-Nutzer hat heutzutage klare Vorstellungen davon, was er geboten bekommen möchte, und wird natürlich durch hochprofessionelle Influencer in dieser Hinsicht verwöhnt. Unternehmen, die bei Instagram mitmischen wollen, müssen mithalten und echte Botschaften vermitteln, nicht lediglich plumpe Werbeaussagen verbreiten. Es kommt auf Strategien an, die die Möglichkeiten von

Instagram ausschöpfen und darauf ausgerichtet sind, das Netzwerk so zu bedienen, wie der potenzielle Endkunde es sich wünscht.

# Kapitel 1: Was ist Instagram?

Instagram ging am 6. Oktober 2010 live und legte seitdem eine steile Erfolgsgeschichte hin, die sich die beiden Entwickler Kevin Systrom und Mike Krieger mit Stolz in den Lebenslauf schreiben können. Kurz gesagt handelt es sich bei Instagram um eine App zum Teilen von Fotos und Videos unter Freunden oder auch völlig unbekannten, neuen Leuten. Die App ist eine der großen Erfolgsgeschichten des Web 2.0 und hatte 2016 weltweit über 500 Millionen Nutzer.

## Kapitel 1.1: Was macht Instagram so besonders?

Instagram ist eine Kombination aus einem persönlichen Microblog und einer audiovisuellen Plattform. Das mediale Format der App sind Bilder und Videos, die mit speziellen Filtern versehen werden können. Diese Filter lassen Fotos jeder Couleur kontrastreicher und sehr professionell wirken, sodass auch ein handwerklich weniger gelungenes Foto eine ganz andere Qualität bekommen kann. Diese Fotofilter waren es, die Instagram unter Social-Media-Usern initial so beliebt machte. Der Charakter eines Microblogs entsteht dadurch, dass jeder

*Ein Instagram-User beim Fotografieren seines Frühstücks - Essen ist eines der Topthemen der App*

Nutzer seinen eigenen Instagram-Kanal hat, auf dem er Bilder und Videos und seit einiger Zeit auch Storys teilen kann. Dies sind kurze Videos mit topaktuellen Meldungen aus dem Alltag eines Instagram-Nutzers, die Idee stammt aus der App Snapchat.

Nicht nur die Fotofilter, sondern auch die Schnittstellenfunktion in der Welt der sozialen Netzwerke ist ein großer Erfolgsfaktor von Instagram. Entstanden ist es in der Zeit, als das Bildernetzwerk Pinterest gerade sehr hoch im

Kurs war. Sich gegen die dort schon vorhandene Qualität durchzusetzen war nicht einfach. Allerdings bot Pinterest keinen echten Austausch zwischen den Erstellern der Bilder, sondern jeder Nutzer blieb in seiner eigenen kleinen Filterblase und nutzte das Netzwerk für sich allein. Bei Pinterest werden Bilder auf eigenen Pinnwänden gesammelt und es gibt zwar Likes und Kommentare sowie die Möglichkeit, Nutzern oder ihren Pinnwänden zu folgen, doch das ist nichts Neues. Zunächst reichten bei Instagram die Fotofilter und die sogenannten Hashtags aus, um das Netzwerk einzigartig zu machen. Ein Hashtag wird einem Foto oder Video mit auf den Weg gegeben, damit andere Nutzer es finden können, wenn sie danach suchen. In seinem Design ist Instagram so gestaltet, dass die Likes und Kommentare von Usern einen höheren Stellenwert einnehmen als beim Konkurrenten Pinterest, sodass die Interaktion eine ganz andere war – und bis heute geblieben ist.

Neuere Anwendungen wie Snapchat und WhatsApp setzten erneut neue Standards und Maßstäbe und sorgten für die zweite große Welle der Weiterentwicklung bei Instagram. Sie brachten den Bewegtbild-Trend sowie den Wunsch insbesondere einer sehr jungen Zielgruppe ins Spiel, direkt miteinander zu kommunizieren und die Öffentlichkeit dabei eher auszuschließen. Instagram schaute sich bei Snapchat das Storyformat ab und ließ davor schon kurze Videos zu. Storys sind eine Möglichkeit, kurz in einem Bewegtbild-Format zu dokumentieren, was man gerade erlebt oder tut. Ausgespielt werden sie nur an die eigenen Follower – bei Unternehmensseiten werden sie den Fans gezeigt. Nach 24 Stunden sind sie wieder verschwunden und befriedigen somit das Kommunikationsverhalten der ganz jungen Zielgruppe.

Schon vor der Zeit der Storys und Videos gab es das Unternehmenskonto auf Instagram. Seitdem die App von Facebook aufgekauft wurde, wurde sie einer Professionalisierung unterzogen. Als Unternehmen kann man sich Statistiken zur Nutzung der eigenen Instagram-Seite anzeigen lassen und mit ihnen arbeiten. Die Ausspielung von Werbung im Instagram-Newsfeed über Facebook ist ebenfalls möglich geworden. Für echte Profis gibt es sogar eine Instagram-API, die es erlaubt, Statistiken automatisiert herunterzuladen oder auch Beiträge über Drittanbietertools abzusetzen.

# Kapitel 1.2: Ein Ausflug in die Geschichte von Instagram

*Instagram mit seinem aktuellen Logo*

Im Jahr 2010 schalteten Kevin Systrom und Mike Krieger eine erste einfache, auf HTML5 beruhende Check-in-Software in San Francisco live, die damals noch burbn hieß. Sie entwickelten sie rasch weiter und richteten sie nur noch auf Fotos aus, sodass sie am 6. Oktober 2010 auch als App für iOS live ging. Der Go-Live für das Betriebssystem Android ließ auf sich warten und folgte erst am 3. April 2012. Das war auch überfällig, denn längst hatte sich Instagram unter iPhone-Usern zu einer beliebten Anwendung zum Bearbeiten und Teilen hochwertiger Fotos gemausert.

Der Erfolg zog an Facebook nicht vorbei. Ebenfalls im April 2012 kaufte der blaue Web-2.0-Riese Instagram für die stolze Summe von einer Milliarde US-Dollar. Mehr wurde weder davor noch danach jemals wieder für einen digitalen Fotodienst gezahlt. Die Summe wurde zum großen Teil in bar bezahlt, 23 Millionen Facebookaktien gingen an die beiden Gründer von Instagram.

Facebook machte sich auch gleich an die Professionalisierung des Dienstes. Instagram war damals zur reinen App geworden, im November 2012 gingen jedoch die Webprofile live. Somit konnte Instagram erstmalig wieder von einem Webbrowser am Desktop-PC aufgerufen werden. Der funktionelle Umfang ist jedoch nach wie vor sehr eingeschränkt, es können lediglich im eingeloggten Zustand Bilder angesehen und gelikt werden – mehr ist jedoch nicht vorgesehen. Instagram floss als Placement in das Werbeinventar von Facebook ein. Das bedeutet, dass es möglich ist, die Anzeigenschaltung über die Facebooktools auch oder ausschließlich auf Instagram auszurichten und diverse Werbeformate im Instagram-Newsfeed zu positionieren. Durch die Verbindung der Facebook- und Instagram-Profile miteinander ist es möglich, die extrem genauen

Targetingoptionen von Facebook auch auf Instagram zu nutzen.

Es gab zwischenzeitlich mehrere neue Versionen der App, die teilweise mit einschneidenden Veränderungen einhergingen. So geriet die App 2012 beispielsweise in die Kritik, da ihre neu eingeführte Datenschutzerklärung die Weitergabe von Nutzerdaten an den Mutterkonzern Facebook gestattete.

# Kapitel 2: Crashkurs: Nutzung von Instagram

Um Instagram zielführend in die Onlinemarketingstrategie zu integrieren, ist es wichtig, die Grundfunktionen der App zu kennen und zu verstehen, wie sie funktioniert. Instagram ist zwar inzwischen auch über einen Desktop-PC zu erreichen, allerdings nur mit eingeschränkter Funktionalität. Nach wie vor bedienen selbst professionelle Blogger und Unternehmen Instagram via App oder nutzen ein Drittanbietertool.

## Kapitel 2.1: Die verschiedenen Bereiche von Instagram

Instagram unterteilt sich in den Newsfeed und den Suchbereich mit der Explore Page. Im Newsfeed wird einem Nutzer der aktuellste Content von Instagrammern angezeigt, denen er aktiv folgt. Er ist also mit dem Newsfeed von Facebook vergleichbar. Neues kann hier aber ebenfalls auftauchen, nämlich in Form von bezahlten Instagram Ads. Diese erscheinen hier im Newsfeed, sehen aus wie ein Beitrag und bieten die Option, ein klickbares Element einzufügen, um den Nutzer direkt auf eine Website zu leiten.

Der Suchbereich mit der Explore Page dagegen ist komplett den Neuentdeckungen gewidmet. Er befindet sich in der unteren Leiste von Instagram rechts neben dem Newsfeed-Icon. Mit einem Klick auf die Lupe wechselt der User nicht nur in eine Suchfunktion, sondern sieht gleichzeitig einen Feed mit Beiträgen, die seinen Interessen entsprechen könnten. Diese Seite ist die sogenannte Explore Page, da der Nutzer hier mit Beiträgen in Berührung kommt, deren Erstellern er nicht folgt. Dabei geht Instagram davon aus, was der User bisher gelikt und kommentiert hat, und zeigt ihm ähnliche Inhalte an. In diesem Bereich entsteht die organische Reichweite und dadurch passiert es bei Instagram auch, dass Personen auf die eigenen Beiträge aufmerksam werden und mit ihnen interagieren, ohne unbedingt dem Kanal folgen zu müssen. Im Wesentlichen geschieht das auch über die Hashtags, mit denen ein Bild versehen ist. Instagram liest nicht die Bildinhalte aus, sondern beruft sich auf die Hashtags und nimmt auf diese Art die Einordnung vor.

Im Suchbereich kann der Nutzer eingrenzen, was er sehen will. Er kann entweder nach Personen oder Accounts spezifisch suchen, einen Ort eingeben, an dem ein Bild oder Video entstanden sein soll, oder den Hashtag zur Suche nutzen.

Das größte Potenzial, sich auf Instagram entdecken zu lassen, haben also eindeutig die Hashtags.

Die Suchergebnisseite einer Hashtag-Suche folgt ebenfalls einer Hierarchie. Zunächst werden die ersten 9 beliebtesten Bilder passend zum Hashtag gezeigt, unabhängig davon, wie alt sie sind. Das ergibt ein 3x3-Quadrat. Unterhalb dieses Quadrats geht es anschließend weiter mit den aktuellsten Beiträgen. Hier geht es nicht mehr nach Interaktion, sondern nach Datum.

Der dritte Bereich ist das eigene Profil. Es befindet sich außen rechts auf der Leiste am unteren Ende der App. Hier kann jeder User zwischen verschiedenen Accounts wechseln, den jeweiligen Account ansehen und bearbeiten. In der Mitte der unteren Leiste befindet sich ein +-Button, über den neue Fotos in den Account hochgeladen werden können.

# Kapitel 2.2: Unternehmensprofil oder persönliches Profil?

Zunächst ist jeder Instagram-Account ein persönliches Profil. Das bedeutet, er ist so ausgelegt, dass eine private Person ihn verwendet und ihn nicht als Unternehmen nutzt, sondern für die ganz eigenen Inhalte. Ein solcher Kanal kann auch auf privat eingestellt werden, was bedeutet, dass die hochgeladenen Inhalte nur für akzeptierte Follower zugänglich sind. Einem solchen Kanal kann nicht jeder folgen, sondern es wird zunächst nur eine Anfrage gestellt und der Inhaber muss ihn dann freigeben.

Ein Unternehmensprofil empfiehlt sich für jeden professionell genutzten Instagram-Account. Der Hintergrund ist der, dass nur dadurch Statistiken zur Nutzung der Beiträge freigeschaltet werden. Eine Umwandlung lässt sich denkbar einfach im Profil vornehmen. Oben rechts befindet sich ein Zahnrad, es öffnet ein langes Menü. Dort befindet sich relativ weit unten die Option, das Profil in ein Unternehmenskonto umzuwandeln. Dieser Schritt kann auch wieder rückgängig gemacht werden. Dann erlischt aber auch der Zugang zu den Nutzungsstatistiken und diese sind so lange nicht mehr einsehbar, bis wieder eine Umwandlung in ein Unternehmenskonto stattfindet.

Das Unternehmenskonto ist auch deshalb wichtig, um neue Features fürs Onlinemarketing mitmachen zu können. Schon seit einiger Zeit arbeitet Instagram an der Möglichkeit für Unternehmen, Produkte auf Beiträgen mit direkter Verlinkung zur Website zu markieren. Dieses Feature wird nach und nach ausgerollt und steht natürlich nur den Instagram-Accounts zur Verfügung, die auch ein Unternehmenskonto sind.

## Kapitel 2.3: Instagram-Beiträge erstellen

Es gibt drei verschiedene Formen eines Instagram-Beitrags: Fotos, Videos und Storys.

Fotos werden über den Plus-Button in der Mitte der unteren Leiste der App hochgeladen. Der Prozess ist denkbar einfach. Im ersten Schritt wird ein Foto aus der Mediathek des mobilen Endgeräts ausgesucht. Diese Funktion steht tatsächlich nur auf dem Handy zur Verfügung – die Alternative wäre der Upload über ein kostenpflichtiges Drittanbietertool. Im zweiten Schritt wird über das Foto ein Instagram-Filter gelegt. Bei professionell gemachten Fotos ist das nicht mehr erforderlich; allerdings haben die Filter jeweils mehrere eigene Hashtags. Diese können zusätzliche Reichweite schaffen, wenn Fans des Filters gezielt nach Fotos suchen, die ihn anwenden. Zuletzt wird ein Text eingegeben, der Hashtags beinhalten kann. Werden sie hier nicht eingetragen, dann bleibt die Option, selbst einen Kommentar unter das Bild zu setzen und darin die Hashtags zu vermerken. Das sollte allerdings sofort nach dem Upload geschehen, denn andernfalls rutscht das neue Foto im Feed wieder weiter nach unten. Selbst wenn Hashtags nachträglich als Kommentar hinzugefügt werden, gilt für die Bewertung der Aktualität der Zeitpunkt des Uploads.

Bei Videos verläuft der Upload genau gleich wie beim Foto. Es kann lediglich etwas dauern, bis das Video vollständig an Instagram übertragen wurde. Deswegen empfiehlt es sich, Videos im WLAN hochzuladen, um das Datenvolumen des Smartphones zu schonen.

Storys werden über den eigenen Newsfeed erstellt. Über den Fotos, die dort erscheinen, befindet sich inzwischen eine Leiste mit den aktuellsten Storys der Freunde und Seiten, denen der Nutzer folgt. Das erste Feld trägt jedoch sein eigenes Profilbild. Ein Klick darauf eröffnet die Möglichkeit, eine eigene Story zu erstellen. Sollte das noch nicht der Fall sein, dann wird der Nutzer jetzt darum gebeten, Instagram Zugriff auf Kamera und Mikrofon zu gewähren, da es sich bei Storys um Videos mit Sound handelt. Bei der Erstellung einer Story sollte man wissen, dass sie später nicht mehr nachbearbeitet werden kann. Der Nutzer kann lediglich entscheiden, ob er sie wirklich veröffentlichen will oder nicht. Zudem können Storys entweder einzelnen oder mehreren Kontakten direkt gesendet oder in der eigenen Story als Beitrag für alle Follower veröffentlicht werden. Die Storys kennt der geneigte User bereits von Snapchat, der Instant-Messaging-App mit den Hundeohren fürs Gesicht. Tatsächlich sind die Instagram-Storys der Angriff auf die potenzialreiche App Snapchat und machen ihr keine schlechte Konkurrenz. Die Story ist nach 24 Stunden wieder verschwunden, es gibt also keine History über sie.

## Kapitel 2.4: Bildtext und Hashtags

Contentqualität ist wichtig. Nur hochwertige Fotos, aussagekräftige Videos und inspirierende Storys erhalten auf Instagram die Aufmerksamkeit, die ihre Ersteller sich für sie wünschen. Umso interessanter ist es, wenn ein Text erklärt, worum es in dem Beitrag geht. Viele Instagrammer erzählen mittlerweile ganze kurze Geschichten zum Hintergrund ihrer Posts und lassen den Follower damit an ihrem Leben teilhaben. Andere wollen mit ihren Bildern hingegen eher inspirieren, anstatt durch ihr Leben zu führen, und fassen sich eher kurz oder geben nur die notwendigen Informationen über den Beitrag preis. Doch damit der wohlüberlegte Text, das hübsch gefilterte Foto oder das liebevoll gedrehte Video überhaupt gefunden werden können, müssen sie auffindbar gemacht werden. Das übernehmen die Hashtags.

Hashtags sind Worte, die mit einer Raute gekennzeichnet sind. Zwischen Raute und dem

Wort befindet sich kein Leerzeichen, andernfalls ist es kein Hashtag. Ein Hashtag sieht beispielsweise so aus: #food.

Der Hashtag ist einerseits ein Werkzeug für den Instagrammer, um seine Beiträge zu kennzeichnen. Er signalisiert damit der App, was sich in seinem Beitrag befindet und worum es inhaltlich darin geht. Gut gewählte, thematisch passende Hashtags ermöglichen es Instagram dann, das Bild anzuzeigen, wenn ein Nutzer nach diesem Begriff sucht oder durch seine bisherigen Interaktionen vermuten lässt, dass er sich für diese Thematik interessiert. Darin steckt aber auch schon die zweite wichtige „Säule" des Hashtags. Er ist das, was bei Google das Keyword wäre. Der Instagram-Nutzer kann gezielt nach einzelnen Hashtags suchen, wenn er den besten oder aktuellsten Content auf Instagram dazu sucht. Foodblogger beispielsweise wissen, dass ihre Zielgruppe gern Schokolade ist, und würden deswegen ihr neues Schokokuchenrezept mit vielen schokoladigen Hashtags wie #schoko, #schokokuchen, #chocolate versehen.

Da auf Instagram eine Vielzahl an Nationalitäten unterwegs ist, die App aber dennoch aus den USA stammt, haben es sich Angehörige anderer Nationalitäten angewöhnt, nicht nur die Hashtags ihrer eigenen Sprache zu suchen. Sie geben auch das englische Wort ein. Somit lohnt es sich auch für einen deutschsprachigen Instagram-Account, englische Hashtags mit aufzunehmen.

Die Hashtags werden entweder in den Bildtext an passender Stelle, unterhalb des Textes oder von diesem losgelöst als Kommentar sofort nach dem Upload des visuellen Contents gepostet. Sie sind ein Kapitel für sich, bergen viele Potenziale und natürlich auch Risiken und werden deswegen in ihrer Verwendung und Sinnhaftigkeit später intensiver beleuchtet.

# Kapitel 3: Instagram für Unternehmen

Instagram wurde durch sein schnelles Wachstum und seine immense Reichweite sowie die Akzeptanz in einer eher jungen Zielgruppe schnell interessant für Unternehmen. Die meisten Blogger nutzen den Kanal inzwischen so aktiv wie Facebook und Co., sodass es nicht lange dauern konnte, bis Instagram auch für Marketingzwecke relevant wurde.

*Der Erfolg auf Instagram ist nur einen Login weit entfernt*

Das Unternehmenskonto gibt es bereits seit längerer Zeit. Jedes private Instagram-Konto kann in ein solches umgewandelt werden und das lässt sich auch wieder rückgängig machen. Viele private Blogger nehmen diese Umstellung allein dafür vor, um die Statistiken über die Nutzung ihrer Beiträge einsehen zu können, die nur für unternehmerisch genutzte Instagram-Accounts sichtbar sind.

Für ein Unternehmen kommen folgende Möglichkeiten auf Instagram infrage:

- Aufbau und Betreuung eines eigenen Instagram-Markenauftritts
- Zusammenarbeit mit Influencern auf Instagram
- Instagram Ads

Beinahe jedes werbende Unternehmen hat heutzutage einen eigenen Instagram-Account und bestückt diesen mehr oder weniger aktiv mit relevantem Content. Viele tun sich allerdings in der Contentstrategie schwer und kopieren letztendlich die Beiträge aus ihrem Facebookkonto, da sie für die Ansprüche der Instagram-Zielgruppe noch keine eigenen Inhalte entwickelt haben.

Die Zusammenarbeit mit Influencern bietet dagegen schon mehr kreatives Potenzial und inhaltliche Abwechslung. Ein Influencer ist ein Blogger mit einer eigenen Reichweite, der sich bereit erklärt, für ein Unternehmen einen werblichen Beitrag zu verfassen. Es gibt sehr unterschiedliche Regelungen, wie diese Zusammenarbeit aussehen kann, rechtlich ist das Thema immer noch eine große Grauzone. Große, reichweitenstarke Blogger bieten Instagram häufig nur als einen Kanal von vielen an und erstellen für Instagram auch individuellen Content, der sich von dem auf ihren anderen Kanälen unterscheidet. Andere wiederum sind schwerpunktmäßig auf Instagram vertreten und bieten dem Unternehmen daher auch gezielt den Instagram-Beitrag an. Die reichweitenstarken und entsprechend professionellen Instagrammer tun meistens nichts ohne Geld, es sei denn, sie sind wirklich sehr von einem Produkt überzeugt und wollen etwas Starthilfe leisten. Im Tausch gegen das Produkt und ohne finanzielle Gegenleistung findet ein Unternehmen meistens nur im Bereich der Microblogger jemanden, der bereit ist, dafür einen Instagram-Beitrag zu erstellen. Das muss jedoch nichts Schlechtes sein, wenn der Microblogger sich in der richtigen Zielgruppe bewegt und dennoch professionell arbeitet.

Schlussendlich gibt es die Instagram Ads, die für ein Unternehmen wesentlich leichter zu planen sind als die Zusammenarbeit mit einem Blogger. Instagram Ads werden via Facebook geschaltet, indem als Platzierung ausschließlich oder unter anderem Instagram ausgesucht wird. Somit geschieht das Targeting, beruhend auf den sehr akkuraten und aktuellen demografischen und soziologischen Daten von Facebook. Instagram- und Facebooknutzer können ihre Profile miteinander verbinden und somit weiß auch das Werbenetzwerk, dass es sich bei einem bestimmten Instagram-Account beispielsweise um Marie handelt, eine 26-jährige Facebooknutzerin, die dort angegeben hat, verheiratet zu sein und vor wenigen Monaten ihr erstes Kind bekommen zu haben. Marie bräuchte sich jetzt nicht zu wundern, wenn sie auch auf Instagram in ihrem Newsfeed fortan Anzeigen von Windel- und Babybreiherstellern sieht.

# Kapitel 3.1: Der eigene Instagram-Account: Grundlage des Instagram-Marketings

Zur Basis des Instagram-Marketings für Unternehmen gehört immer der eigene Account. Diesen wird das Unternehmen beispielsweise für die Werbeschaltung brauchen, aber auch, um die Marke durch Content zu stützen, der auf sie einzahlt.

Die meisten Unternehmen beginnen damit, ein Instagram-Profil für ihren Markennamen anzulegen und nach und nach mit der App warm zu werden. Sie posten beispielsweise die ersten Beiträge, finden heraus, worauf ihre Community besonders gut reagiert, und finden ihre eigenen passenden Hashtags für die organische Reichweite. Es macht nichts, wenn der neu angelegte Instagram-Account zunächst eine Weile brachliegt. Denn andernfalls kommt womöglich ein anderer Nutzer und sichert sich diesen Namen, sodass es schwierig würde, den Account im Nachhinein noch zu bekommen. Wenn die Strategie hinter dem Instagram-Account steht, dann kann aber zügig damit losgelegt werden, die ersten Inhalte zu erstellen und sie zu veröffentlichen.

Sollte ein anderer Nutzer bereits den Markennamen registriert haben, gibt es mehrere Möglichkeiten. Zunächst kann der Inhaber des Accounts persönlich angesprochen und gebeten werden, diesen zu löschen oder das Passwort zu übermitteln. In der Praxis stellt sich dieser Weg jedoch oft als schwierig heraus. Handelt es sich um einen privaten Account oder gar um einen Nutzer im Ausland, ist er nicht impressumspflichtig, und somit ist es vielleicht gar nicht möglich, ihn anders als über eine Nachricht auf Instagram zu kontaktieren. Will er darauf nicht eingehen oder ignoriert er sie, dann bleibt immer noch der „offizielle“ Weg, den Nutzer über einen Anwalt kontaktieren zu lassen. Darüber hinaus kann bei Markenrechtsverletzungen ein Bericht vom Markeninhaber an Instagram gesendet werden – dieser Weg kommt auch infrage, wenn ein anderer Nutzer einen Instagram-Account nach einer Marke benannt hat, die nun unter diesem Namen selbst gern in der App aktiv werden möchte. Bis darauf eine Reaktion seitens Instagram erfolgt, kann es allerdings recht lange dauern, sodass man sich eher überlegen sollte, ob es einen anderen ebenfalls passenden Nutzernamen gibt, der für den Account bei Instagram infrage kommt.

# Kapitel 3.2: Die Strategie hinter Instagram oder: Was wollen wir überhaupt von wem und warum?

*Viele Unternehmen und Marken verbreiten dieselben Inhalte auf allen Social-Media-Kanälen - das geht besser!*

Ganz neu im Web 2.0 sind die meisten Marken und Unternehmen nicht, die neu in Instagram einsteigen. Sie besitzen bereits Profile in anderen Netzwerken, allen voran natürlich Facebook.

Jetzt haben sie einen weiteren Kanal und befürchten, dass sie damit auch die doppelte Arbeit haben. Warum also nicht einfach die Inhalte von Facebook unverändert übernehmen und auf Instagram veröffentlichen? Der einfachste und offensichtlichste Grund gegen diese Idee liegt bereits im Bildformat begründet. Für Facebook braucht ein Bild ein ganz anderes Format als für Instagram, sodass die Grafik auf einem von beiden Kanälen falsch aussehen würde. Häufig wird das Argument ins Feld geführt, dass auf den Web-2.0-Kanälen doch eine ähnliche Zielgruppe erreicht werden soll. Allerdings ist es so, dass viele Follower auf Instagram die Seite genauso auf Facebook gelikt haben werden. Es handelt sich letztlich also um Personen, die das Unternehmen und seinen Content bereits kennen und nicht auf verschiedenen Kanälen immer wieder dasselbe sehen wollen.

Eine eigene Strategie für Instagram ist also unumgänglich.

Zunächst sollte sich eine Marke fragen, wen sie auf Instagram überhaupt erreichen will. Ist es die jüngere Zielgruppe, die auf Facebook keinen großen Wert mehr legt, dafür aber umso lieber bei Instagram nach neuer Inspiration sucht? Oder sind es die Muttis, die mit dem Kind zu Hause sind und nach Möglichkeiten suchen, ihre Kleinen sinnvoll zu beschäftigen? Sind es die gleichen Leute, die bereits die Facebookseite gelikt haben und dort fleißig den Content konsumieren? Oder ist es ein ganz neuer Anteil an der möglichen Zielgruppe, mit dem es bislang andere oder noch gar keine Berührungspunkte gegeben hat? Bewährt hat sich die Entwicklung sogenannter Personas. Dies sind erfundene Persönlichkeiten, die verschiedene Merkmale und Bedürfnisse aufweisen und für einen Teil der Zielgruppe eines Unternehmens stehen. So könnte eine Persona beispielsweise der 30-jährige Martin sein, der mit seiner Frau einen dreijährigen Sohn hat und im nächsten Jahr Vater einer kleinen Tochter sein wird. Martin ist gern draußen unterwegs, sportlich aktiv und freut sich bereits auf den Tag, an dem er mit seinen beiden Kindern und der Liebsten am Sonntagnachmittag in den Wald gehen und Pilze sammeln kann. Ihm ist die Naturverbundenheit sehr wichtig und er will seinen Kindern zeigen, dass es im Leben mehr gibt als nur den PC-Bildschirm. Dennoch weiß Martin, dass die digitale Welt auf dem Vormarsch ist und seine beiden Kinder vermutlich in einem Alter ein Handy haben werden, in dem er als Kind noch nicht einmal davon zu träumen gewagt hätte. Martin würde sofort bei einer Aktion mitmachen, bei der sich Väter und Kinder bei naturverbundenen Aktivitäten gemeinsam fotografieren und ihre Bilder mit einem bestimmten Hashtag gekennzeichnet bei Instagram hochladen können. Denn so könnte er seinen Kindern zeigen, dass sie die digitale Welt ja auch nicht ganz vergessen müssen, wenn sie einmal etwas anderes machen.

Wenn die Personas stehen, muss sich die Marke fragen, welche Inhalte sie sehen wollen. Martin beispielsweise ist Vater und freut sich auf die Zeit, in der er mit seinen Kindern immer mehr und mehr die Welt entdecken kann. Er ist sportlich interessiert und reagiert besonders auf Beiträge, die voller Action und Natur stecken. Ein Skifahrer auf der Piste, eine Familie beim Waldspaziergang – diese Inhalte will er auf Instagram gezeigt bekommen.

Als Persona der Instagram-Strategie gibt Martin also vor, dass Inhalte ebendiese Werte verkörpern sollen. Würde nun beispielsweise ein Hersteller von Laufschuhen Martin erreichen wollen, könnte er es damit versuchen, ein hochwertig gemachtes Foto von einem Läufer ganz weit weg von der Zivilisation zu posten. Textlich muss dieser Beitrag gar nicht großartig ausgeschmückt werden, es genügt ein einprägsamer Einzeiler – denn das Bild macht in diesem Beispiel die Musik. Schließlich sieht der Betrachter erst das grafische Element, lässt es auf sich wirken und liest dann erst den Text, wenn das Bild sein Interesse geweckt hat und er wissen will, was dahintersteckt.

Die Instagram-Strategie muss sich ganzheitlich betrachtet also darauf fokussieren, wen ein Unternehmen erreichen will und wie es das schaffen kann. In die Strategie fließt nicht nur ein, wer überhaupt zur Zielgruppe gehört und was diese Charaktere jeweils sehen wollen würden. Genauso wichtig sind bei der Strategie die Gegebenheiten von Instagram. Lange Prosa braucht hier beispielsweise niemand, auch wenn sie noch so lesenswert wäre. Eine ganze Pressemeldung in einem Beitrag auf Instagram zu veröffentlichen wäre keine gute Idee. Hochwertige Fotos und Videos, die selbsterklärend sind und keiner großen Worte und Erläuterungen mehr bedürfen, sind dagegen hier genau richtig aufgehoben.

Denn wenn der Nutzer durch seinen Feed scrollt oder neue Inhalte entdecken will, ist das Bild zunächst der einzige Weg, seine Aufmerksamkeit auf sich zu ziehen. Wenn er es dann vergrößert und es sich näher ansieht, kann er mit Text erreicht werden – und auch dann braucht er eher kurze Botschaften statt langer Romane.

# Kapitel 3.3: Content, Ads, Influencer – die Mischung macht's!

Der eigene Instagram-Kanal steht also und die ersten Inhalte sind ebenfalls schon da. Nun gibt es aber noch mehr Optionen, mit Instagram zu arbeiten. Zu einer schlüssigen Strategie gehört nicht nur der eigene redaktionelle Content, sondern auch der, der regelmäßig über eine Marke erstellt wird. Es verhält sich nicht anders als in allen anderen sozialen Netzwerken, auch auf Instagram wird bereits über Marken geredet, ob sie selbst schon dort vertreten sind oder nicht.

Bei jedem Nutzer, der sich über ein Unternehmen oder eine Marke auf Instagram austauscht, handelt es sich streng genommen schon um einen Influencer. Er beeinflusst durch seine Inhalte seine Mitmenschen und sagt ihnen beispielsweise, dass ein bestimmtes Kleidungsstück aus dem hippen neuen Laden in der Innenstadt diesen Sommer besonders angesagt ist oder eine bestimmte Schokolade besonders gut schmeckt. Das zieht zunächst nur kleine Kreise, regt aber womöglich Freunde und Familienmitglieder an, den Laden ebenfalls zu besuchen, oder sie erkennen die Schokolade beim nächsten Einkauf im Supermarkt wieder und werfen sie in den Einkaufswagen. Einflussreiche und reichweitenstarke Influencer sind fürs Marketing schon deutlich interessanter, denn auf sie hören nicht nur Freunde und Familie, sondern auch eine große Anzahl an Personen, die andernfalls vielleicht nicht auf die Marke aufmerksam geworden wären oder sie davor anders betrachtet, als weniger begehrlich wahrgenommen haben. Deswegen spielt auf Instagram nicht nur der selbst erstellte Content eine Rolle, sondern auch die Inhalte, die andere Nutzer über das Unternehmen veröffentlichen – sei das, weil sie es wirklich aus freien Stücken tun, sei es, weil sie das im Rahmen des Influencer-Marketings als Auftragsarbeit fürs Unternehmen abwickeln.

Schlussendlich braucht das eigene Instagram-Profil bezahlte Werbeanzeigen. Dadurch, dass Instagram und Facebook miteinander zusammenhängen, werden Ads über den Werbeanzeigenmanager von Facebook geschaltet. Sie profitieren von den sehr granularen Targetingmöglichkeiten. Ads auf Instagram müssen immer auf ein Ziel des Werbetreibenden einzahlen. Ein solches Ziel kann beispielsweise lauten, die Anzahl der Follower auf Instagram bis zum neuen Quartal um 50 % zu vergrößern, damit die organische Reichweite der Beiträge über den Newsfeed dieser neuen Follower erzielt werden kann, statt teuer eingekauft zu werden. Denkbar sind natürlich auch andere Ziele, beispielsweise Käufe der beworbenen Produkte über Instagram. Die Anzeigenschaltung sowie das Influencer-Marketing sind zwei ganz eigene Fachgebiete und werden an der entsprechenden Stelle erläutert.

# Kapitel 4: Redaktion für Instagram

*Ein eigener Redaktionsplan für Instagram ermöglicht planvolles Social- Media-Marketing*

Ein durchdachter, sorgfältig geführter Redaktionsplan ist das A und O der inhaltlichen Arbeit mit jedem Social-Media-Kanal. Auch im Instagram-Marketing hat er einen festen Platz und sorgt dafür, dass nicht wild durcheinandergepostet wird.

Viele Unternehmen haben bereits einen Redaktionsplan, den sie etwa für andere Kanäle, ihren Blog oder die Website verwenden.

Instagram kann in einen bestehenden Plan natürlich integriert werden, wenn sich dessen Struktur in der Marketingabteilung bewährt hat und alle verantwortlichen Redakteure damit gut zurechtkommen. Unternehmen, die bislang noch nicht mit Redaktionsplänen gearbeitet haben, sollten spätestens jetzt einen aufsetzen. Instagram als Bild- und Videonetzwerk erfordert schließlich nicht nur Text, sondern auch Grafikmaterial, und dieses sollte rechtzeitig vorbereitet werden.

## Kapitel 4.1: Der Styleguide für Instagram

Bevor drauflosgeschrieben wird, sollte das Thema Content strategisch durchdacht werden. Die Personas stehen fest und es ist klar, welche Inhalte sie sehen wollen. Doch wie wirkt sich das auf die Art der Grafiken und Videos aus, die für Instagram zur Verfügung gestellt werden müssen? Und wie müssen die Texte verfasst werden, damit sie die Zielgruppe erreichen?

Beim Styleguide muss es sich nicht um ein mehrseitiges Dokument handeln. In kleineren Unternehmen kann es genügen, wenn sich der für Instagram zuständige Mediengestalter damit auseinandersetzt und seine Überlegungen in der Gestaltung berücksichtigt. Bei manchen Unternehmen ist es beispielsweise sinnvoll, ihr Produkt auf jedem Foto und in jedem Video zu positionieren, mal auffällig und dann wieder weniger deutlich zu sehen. Dadurch wird ein einheitlicher Markenauftritt geschaffen. Zudem sollte das Farbschema der Bilder und Videos zum Image der Marke passen und auch der Inhalt der Visuals muss sich mit den Motiven und Bedürfnissen der Zielgruppe decken. Um die Persona Martin zu bedienen, dürfte beispielsweise keine allzu leicht bekleidete Frau auf dem Visual zu sehen sein, denn er ist verheiratet und wenn eine Kaufentscheidung ansteht, dann wird er sie mit seiner Ehefrau besprechen wollen. Diese wiederum würde auf ein leicht bekleidetes Model womöglich abweisend reagieren und somit Martins Kaufentscheidung beeinflussen.

Leicht machen kann man sich den Styleguide, indem neben einem Farbschema einige Stichworte entwickelt werden, die zum Unternehmen passen und das ausdrücken, wofür es steht. Bei einer Versicherung könnten das beispielsweise Sicherheit, Service und Verlässlichkeit sein. Eine Limonade dagegen will sich eher Lebensfreude, Sommer, Action und Jugend auf die eigene Fahne schreiben. Eine gewisse Kreativität wohnt jedem Menschen inne, sodass diese Leitmotive oft schon ausreichen, um zu beurteilen, ob ein Visual gut geeignet ist für den Instagram-Account.

## Kapitel 4.2: Text – zweitrangig oder wichtig?

*Auf Instagram sieht der Nutzer zuerst das Bild und dann das geschriebene Wort*

Bilder, Videos und Storys können auf Instagram mit einer Bildunterschrift versehen werden. Das ist mal mehr und mal weniger wichtig.

Zunächst einmal ist es wichtig, zu verstehen, wo die Bildunterschrift überhaupt gesehen werden kann. Wenn ein Nutzer dem Instagram-Account folgt und neue Beiträge somit in seinem Newsfeed sieht, dann steht unter jedem Bild ohne einen weiteren Klick sichtbar der Text. Er wird also gesehen und vermutlich auch gelesen. Wenn das

Bild interessant wirkt, dann widmet sich der Nutzer natürlich auch umso lieber dem Text. Entdeckt er Bild oder Video dagegen in der Suchfunktion, dann sieht er zunächst nur das Visual und nicht den Text. Dieser würde nur dann erscheinen, wenn er ein Bild oder Video anklickt und es somit vergrößert. Tut er das, dann hat er auch Interesse am Inhalt und es ist sehr wahrscheinlich, dass der Text auch gelesen wird. Ganz unwichtig ist er also nicht, auch wenn Instagram ein sehr visuell geprägtes soziales Netzwerk ist.

In der mobilen digitalen Welt wird allerdings immer mehr komprimiert und verkleinert. Der Bildschirm eines Smartphones ist zwar nicht mehr ganz winzig, kann aber trotzdem nicht all das anzeigen, was auf einem vollwertigen PC zu sehen wäre. Deswegen legen Instagram-Nutzer auch Wert auf eher kurz gehaltene Texte. Längere Prosa findet man fast nur noch bei Instagram-Bloggern, die zu ihren Bildern kurze Geschichten erzählen. Ein Fitnessblogger würde beispielsweise ein Foto von sich selbst vor dem Spiegel, beim Sport oder von seinem heutigen Mittagessen machen und im Text darauf eingehen, wie das Training gerade läuft, warum die Mahlzeit genau so zusammengesetzt ist, wie sie auf dem Bild zu sehen ist, und was ansonsten noch in seinem Leben passiert. Als Unternehmen kann man sich das fast nicht mehr erlauben. Vielmehr erwartet der Instagram-User eine prägnante Bildunterschrift oder einen kurzen Einzeiler, der dazu motiviert, sich ein Video oder eine Story anzusehen. Das Visual muss die Kernbotschaft beinhalten – der Text dient dazu, sie zu erläutern oder dazu zu motivieren, daraufhin zu handeln.

Als Redakteur sollte man außerdem wissen, dass im Text keine Verlinkungen zulässig sind. Es wäre also nicht möglich, beispielsweise ein Produkt in Aktion zu zeigen und es dann direkt zu verlinken. Wohl aber dürfen im Text Aufforderungen enthalten sein, den Onlineshop zu besuchen, oder ein Gutscheincode für einen Rabatt könnte eingebunden werden.

# Kapitel 4.3: Hashtags – Garanten für organische Reichweite

Bei der Erstellung von Texten ist nicht nur auf den Text selbst zu achten, sondern vor allem auf die Hashtags. Dies sind die mit dem Rautezeichen versehenen Begriffe, die beschreiben, was auf einem Bild zu sehen ist. Sie haben im Kern zwei Funktionen:

- Erklärung des Bildinhaltes für Instagram
- Kategorisierung des Bildes für die Auffindbarkeit durch neue Nutzer

Instagram ist nicht per se dazu in der Lage, Visuals wie ein Mensch zu verstehen. Die App weiß erst einmal nicht, was ein Foto darstellt, wenn es ohne jeden Hashtag hochgeladen wird. Zum Spaß kann jeder einmal ausprobieren, ein Foto ohne Hashtags und nur mit Text upzuloaden – es wird in keiner Suche gefunden werden und die Reichweite wird sich vermutlich im einstelligen Bereich bewegen. Die Hashtags stammen aus der Welt von Twitter und sollen es zunächst Instagram ermöglichen, Inhalte der Bilder zu erkennen. Wenn beispielsweise Elternblogger filmen, wie der Nachwuchs zum ersten Mal mit Bauklötzen spielt, dann wären passende Hashtags #bauklötze, #holzspielzeug, #lego – je nachdem, was das genau für Bauklötze sind. Auf diese Weise weiß Instagram nun, um welche Art von Content es sich handelt, und kann ihn in die Suche einfließen lassen sowie ihn Nutzern auf der Explore Page zeigen, die sich für solche Themen interessieren.

Hashtags sind natürlich nicht nur für die Maschine da, sondern hauptsächlich für den Menschen. Er wird sie vermutlich nur überfliegen, wenn er einen Beitrag konsumiert; mehr muss er aber auch gar nicht mit ihnen machen. Richtig gewählte Hashtags ermöglichen es einem Beitrag, auf der Suchergebnisseite aufzutauchen, wenn ein Nutzer nach dem Hashtag sucht. Instagram ist inzwischen etwa eine beliebte Ressource für die Suche nach Rezepten, Einrichtungsideen, Mode, DIY-Projekten oder der Bespaßung und Förderung von Kindern geworden. Darüber hinaus gibt es auch Nischenthemen, die gut laufen, etwa Autotuning, bestimmte seltenere Sportarten oder auch sehr ernste Themen wie Patienten mit bestimmten Erkrankungen, die auf Instagram ihren Weg dokumentieren und dafür ihre eigenen Hashtags entwickelt haben.

Die Suche nach den richtigen Hashtags kann zur aufwendigeren Angelegenheit werden. Zunächst empfiehlt es sich, die ganz offensichtlichen Themen zu bedienen und zu beschreiben, was das Visual zeigt. Ein Rezept für einen Kuchen von einer Schokoladenmarke kann beispielsweise die Hashtags #schokokuchen, #schokoladenkuchen,

#chocolatecake oder #vollmilchschokolade enthalten – die Begriffe sollten alles simpel und einfach beschreiben, was auf dem Bild zu sehen ist. Wenn besondere Zutaten verwendet wurden, beispielsweise Fondant, dann wird zusätzlich auch noch #fondant mit aufgenommen. Wenn es für den Gegenstand des Visuals mehrere Begriffe gibt, etwa Schokokuchen und Schokoladenkuchen, dann sollten besser beide gewählt werden. Denn wenn man sich nur für einen entscheidet und ein potenzieller neuer Kunde nun genau das andere Wort in die Suche eingibt, würde der Beitrag dort nicht in den Suchergebnissen auftauchen.

Anschließend empfiehlt es sich, die gewählten Hashtags in die Suche einzugeben und sich selbst einige der Beiträge anzusehen, die dort erscheinen. Welche Hashtags haben die Ersteller verwendet? Was schlägt Instagram selbst vor, wenn man etwa #schokokuchen eingibt? Auf diese Weise kommen etwa Ideen wie #schokokuchenmitflüssigemkern, #schokoliebe oder #schokoladenkunst zustande, auf die man vielleicht selbst nicht sofort gekommen wäre. Nicht alle Vorschläge von Instagram müssen passen und es muss auch nicht alles übernommen werden, was andere Nutzer verwendet haben, doch bei Hashtags bedeutet jedes weitere Wort auch mehr potenzielle Reichweite. Umso genauer kann Instagram einordnen, was das Bild zeigt, und es wird entsprechend sinnvoller auf der Explore Page dargestellt – dort, wo es von Nutzern entdeckt werden kann, die dem eigenen Account noch nicht folgen.

Bei Eingabe eines Hashtags bei Instagram kann der Nutzer gleich sehen, wie viele Beiträge diesen Tag bereits tragen. Wenn er inhaltlich passt, dann kann natürlich auch ein Hashtag mit weniger Beiträgen einmal genutzt werden. Allerdings empfiehlt es sich für die Reichweite, immer auch welche einfließen zu lassen, die viel verwendet werden. Von der thematischen Passgenauigkeit abgesehen sollten aber gerade die reichweitenwirksamen Hashtags immer einer Prüfung unterzogen werden. Welche Inhalte erscheinen, wenn er eingegeben wird? Leider treiben Spammer gerade mit diesen an sich schönen Hashtags Schindluder und laden Fotos und Videos hoch, die Instagram nicht zeigen würde, würden sie einen Tag tragen, der ihren wirklichen Inhalt zeigt. Vor allem in jüngster Vergangenheit wurde dieser Trick genutzt, um pornografisches Material in Umlauf zu bringen. Als Unternehmen möchte man sich in einem solchen Umfeld natürlich nicht präsentieren und sollte deswegen lieber auf einen Hashtag verzichten, wenn zu viel Spam in der Suche nach ihm erscheint. Der zweite Grund ist ein Phänomen, das als Shadowban beschrieben wurde. Instagrammer bemerkten, dass sie auf einmal viel weniger organische Reichweite bekamen. Sie forschten auf eigene Initiative nach und verwendeten gerade die reichweitenstarken Hashtags mal mehr und mal weniger. Den Shadowban an sich gibt es nicht, wie man inzwischen weiß. Allerdings ist es durchaus nicht verkehrt, dass Instagram gegen die missbrauchten Hashtags vorging und die Reichweite einschränkte. Das wirkte sich auch auf inhaltlich hochwertige Fotos und Videos aus, die die Reichweite eigentlich verdient hätten, wenn sie diese Hashtags benutzten. Darüber hinaus war der Shadowban trotzdem keine Einbildung, sondern die Beobachtungen der Blogger hingen mit einer Anpassung des Algorithmus zusammen. Instagram wollte auf der Explore Page durch diese Neuerung mehr Beiträge von Personen zeigen, mit denen ein Nutzer interagiert, sowie mehr relevante Inhalte beruhend auf den Interessen eines jeden Users. Diese qualitative Eingrenzung und Verbesserung führte zunächst zu einem Rückgang der organischen Reichweite vieler Inhalte.

## Kapitel 4.4: Redaktionspläne schreiben und nutzen

Die Bilder und Videos sind geplant, der Text steht und die Hashtags sind sorgfältig recherchiert. Doch wann geht nun eigentlich welcher Beitrag live und was muss dafür alles noch erledigt werden?

Diese Fragen beantwortet ein Redaktionsplan. In ihm ist vermerkt, welches Bild zu welchem Text gehört, wann der Beitrag online geht und welche Hashtags er tragen soll. Er ermöglicht es einem Team, am Instagram-Marketing gemeinschaftlich zu arbeiten, erlaubt planvolles Arbeiten und stellt sicher, dass am Stichtag alles da ist, was erforderlich ist. Es gibt einfache und sehr komplexe Formen von Redaktionsplänen, sodass jedes Unternehmen für sich selbst entscheiden kann, was es in einem solchen Plan braucht.

Ein simpler Redaktionsplan beinhaltet folgende Informationen:

- Veröffentlichungsdatum
- Beitragstext
- Hashtags

- Name der Bild- oder Videodatei (außer bei Storys, sie müssen spontan erstellt werden)

Dieser Redaktionsplan ermöglicht es, Visuals rechtzeitig anzufertigen und sicherzustellen, dass alles online gegangen ist, was eingeplant war. Es empfiehlt sich, nach Möglichkeit weit vorauszuplanen. Dadurch braucht der Redakteur am Stichtag nur noch in den Redaktionsplan zu schauen, das Bild zu suchen und den Text sowie die Hashtags zu kopieren und bei Instagram einzufügen. Alternativ kann die Veröffentlichung natürlich auch über ein Social-Media-Tool geschehen, diese ermöglichen oft auch die Erstellung von Redaktionsplänen.

Komplexere Redaktionspläne sind dann erforderlich, wenn fürs Instagram-Marketing mehr Informationen als nur Datum, Bild und Text nötig sind. Sie beinhalten beispielsweise Informationen zur Veröffentlichung einer dazugehörigen Grafik auf Facebook und anderen Kanälen, der Persona, die der Beitrag ansprechen soll, oder einer Kampagne, zu der der Beitrag gehört. Auf diese Weise lässt sich nachvollziehen, dass die Strategie des Instagram-Marketings contentseitig eingehalten wird. Beispielsweise kann es sinnvoll sein, dass jede Persona einmal pro Woche mit einem Beitrag angesprochen wird, da sie andernfalls das Interesse am Account verliert und sich von den Inhalten für die übrigen Teile der

Zielgruppe einfach nicht mehr angesprochen fühlt. Muss hingegen im Nachhinein ein Analyst die Kampagne auswerten, dann kann ihm ein strukturiert geführter Redaktionsplan dabei helfen, die Beiträge zu erkennen, denen er seine Aufmerksamkeit schenken muss.

Für den ersten Redaktionsplan reicht Excel vollkommen aus. Selbst Unternehmen, die in den Social Media als Paradebeispiele gelten, setzen nach wie vor gern auf Excel. Es gibt allerdings auch viele gute Social-Media-Managementtools, die einen Redaktionsplan anbieten. Teilweise handelt es sich bei diesen Tools tatsächlich nur um kollaborative Werkzeuge, die sich auf den Redaktionsplan beschränken und es einem Team ermöglichen wollen, den Content gemeinschaftlich zu erstellen. Teilweise ist der Redaktionsplan in einen ganzen Toolkasten integriert, der noch weitere interessante Features wie die Veröffentlichung von Beiträgen auf mehreren Kanälen und die grafisch optimierte Aufbereitung wichtiger Leistungskennzahlen beinhaltet.

# Kapitel 5: Instagram Ads

*Diese Anzeigen sieht jeder - auf Instagram sieht sie nur die relevante Zielgruppe*

Seit dem Zeitpunkt der Übernahme durch Facebook war es abzusehen, dass Instagram nicht werbefrei bleibt. Den Werbetreibenden freut das – und den Endkunden? Letztendlich profitiert auch er davon. Denn Instagram Ads werden keinesfalls wild geschaltet, sondern sie sind sehr genau darauf ausgerichtet, wen sie erreichen sollen. Das wird möglich durch die Verbindung von Instagram mit dem großen Schatz an akkuraten demografischen Daten von Facebook.

Instagram Ads können von Reichweiten- bis Conversion-Zielen vieles erfüllen. Ähnlich wie bei der Contentstrategie sollten sie niemals geschaltet werden, ohne dass vorher klare Ziele definiert wurden. Geht es darum, die Reichweite einzelner wichtiger Beiträge zu erhöhen? Sollen Klicks gesammelt werden? Oder sind messbare Umsätze das Ziel der Werbeschaltung?

# Kapitel 5.1: Was können Instagram Ads erreichen?

Instagram Ads decken die komplette Bandbreite an möglichen Zielen der digitalen Werbeschaltung ab. Es handelt sich zunächst um eine sogenannte PPC-Werbeform, also um „Pay per Click"-Werbung. Der Werbetreibende bezahlt für jeden Klick auf seine Anzeigen. Genauso ist es möglich, einen CPM zu bezahlen, dieses Kürzel steht für Cost per Mille und ist dem Tausender-Kontaktpreis gleichzusetzen. Abgerechnet wird pro tausend Anzeigenimpressionen.

Zunächst kann Instagram Reichweitenziele bedienen. Das bedeutet, die Kennzahl im Kern einer solchen Kampagne sind Impressionen. Diese Art von Instagram Ads eignet sich gut für die Markenbildung, denn bei ihr geht es zunächst noch darum, dass möglichst viele Menschen innerhalb einer definierten Zielgruppe die Anzeigen sehen und erkennen, welche Marke sie gerade anspricht. Gut geeignet sind Reichweitenkampagnen auch zur Begleitung von Werbeformen in anderen Kanälen, etwa im TV. Dies ist das Reichweitenmedium schlechthin und es ist davon auszugehen, dass der Instagram-Nutzer eine Fernsehwerbung gesehen haben wird, wenn sie auf den richtigen Kanälen geschaltet wurde. Eine Anzeige im gleichen Look and Feel auf Instagram wird die Werbeerinnerung unterstützen und dafür sorgen, dass er sich gedanklich intensiver mit dem Produkt beschäftigt, als wenn er die Fernsehwerbung einmal gesehen und dann sofort wieder vergessen hätte.

Neben den Reichweitenzielen gibt es Klickziele. Diese sollen einen Nutzer dazu verleiten, eine Website anzuklicken, die hinter der Anzeige steckt. Instagram versieht eine solche Anzeige anders als den Beitrag mit einem farbig abgesetzten klickbaren Button am unteren Ende, der Text kann je nach Inhalt der verlinkten Seite gewählt werden. Er kann beispielsweise „Jetzt einkaufen“ oder „Mehr dazu“ lauten.

Wird auf Instagram für Produkte oder Dienstleistungen geworben, kann das Ziel ein Umsatzziel sein. Hierbei gilt es, mit möglichst geringen Werbekosten möglichst viele Umsätze zu erzielen. Relevante Kennzahlen sind beispielsweise die Anzahl der Bestellungen, der durchschnittliche Warenkorbwert, die Retourenquote, der ROAS („Return on Advertising Spend“) oder der ROI („Return on Investment“). Instagram allein reicht zur Messung so komplexer Ziele nicht mehr aus. Dafür sind weitere Tools erforderlich. Denkbar ist es etwa, im Onlineshop den Facebookpixel so einzubinden, dass er erfassen kann, wenn ein Einkauf getätigt wird. Genauso kommt ein Webanalysetool wie Google Analytics oder Matomo (früher: Piwik) infrage.

# Kapitel 5.2: Wie werden Instagram Ads aufgesetzt?

Bezahlte Werbung auf Instagram ist ein Teilbereich des Performancemarketings und sollte langfristig von einem erfahrenen Social-Media-Marketing-Manager oder einem Performance-Marketing-Manager durchgeführt und gesteuert werden. Dennoch macht Facebook mit seinem intuitiven, selbsterklärenden Werbeanzeigenmanager die Schaltung einer Anzeige denkbar einfach möglich.

Zunächst loggt sich der User dazu in den Werbeanzeigenmanager ein. Wenn Business for Facebook verwendet wird, dann wird stattdessen das entsprechende Werbekonto in der Übersicht ausgewählt. Abhängig von den Zielen der Anzeigenschaltung wird das Anzeigenformat ausgewählt. Unterteilt wird dabei in drei Kategorien:

- Reichweite
- Interaktion
- Conversions

Die Reichweitenziele werden ausgewählt, wenn der Werbetreibende auf Impressionen setzt. Interaktionen sollen die Anzahl der Likes und Kommentare steigern. Hier wird nach Beitragsart unterschieden, es kann beispielsweise ein Foto oder ein Video beworben werden. Die Conversion-Ziele sind Umsatzziele und kommen dann infrage, wenn über Instagram etwas verkauft oder ein Abschluss eines ähnlichen Ziels gemessen werden soll, etwa das Senden eines Bestellformulars.

Weiter geht es mit dem Targeting. Facebook erlaubt hierbei alles, was auch für eine Facebookwerbeanzeige zulässig wäre. Es können an dieser Stelle auch die Custom Audiences einbezogen werden. Das sind Zielgruppen, die der Inhaber des Werbekontos speziell für sich selbst erstellt hat. Eine Custom Audience kann beispielsweise die Personen beinhalten, die früher schon einmal mit einem Video interagiert haben und deswegen vermutlich am Thema des Videos sehr interessiert sind. Wenn auch das neue Video dieses Thema bedient, dann ergibt es womöglich Sinn, genau diese Personen erneut anzusprechen.

Bei der Auswahl der Platzierungen ist nun höchste Aufmerksamkeit erforderlich. Standardmäßig würde Facebook die Anzeige auf allen Kanälen ausspielen. Die Checkbox „automatisch“ ist aktiviert. Obwohl der Werbeanzeigenmanager von Facebook das behauptet, ist das natürlich nicht die empfohlene Einstellung. Stattdessen wird die Checkbox darunter aktiviert und die Platzierungen werden

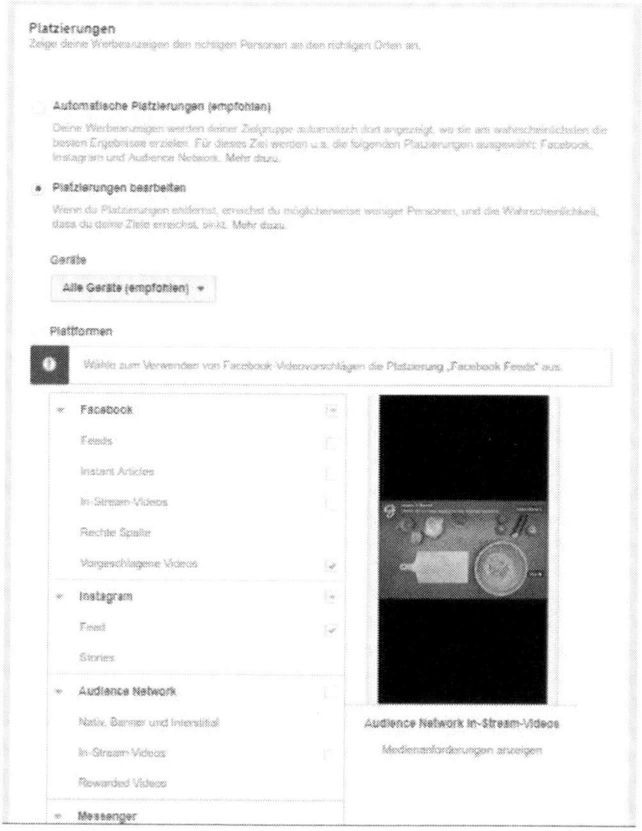


einzeln ausgesucht. In diesem Beispiel würde es sich um eine reine Instagram-Kampagne handeln, denn nur Instagram ist ausgewählt. Der Werbekunde kann sich entscheiden, ob er seine Anzeige nur im Newsfeed oder auch als Story ausspielen will. Es ist natürlich möglich, die gleiche Anzeige auch an anderen Stellen des Werbenetzwerks von Facebook auszuspielen, beispielsweise im Facebook-Newsfeed oder im Audience Network. Diese Platzierungen haben jedoch mit Instagram nichts mehr zu tun.

Schlussendlich wird das Budget der Kampagne eingestellt, wobei zwischen einem Tages- und einem Laufzeitbudget entschieden werden kann. Tagesbudgets sind ein fixer Betrag, der pro Tag ausgegeben werden darf. Die Kampagne würde so lange weiterlaufen, bis sie entweder ein eingestelltes Enddatum erreicht oder manuell pausiert wird. Ein Laufzeitbudget wird dagegen auf einen voreingestellten Zeitraum aufgeteilt und gleichmäßig ausgegeben. Das eingestellte Budget wird während der Laufzeit keinesfalls überschritten.

Nachdem Targeting, Platzierungen und Budget eingestellt sind, wird es kreativ. Der Werbeanzeigenmanager erlaubt jetzt die Erstellung einer Werbeanzeige. Hierfür wird entweder ein Foto oder ein Video hochgeladen, der Bildtext wird ergänzt und es kann festgelegt werden, auf welche Website die Werbeanzeige den Nutzer weiterleiten soll, wenn er klickt. Der Text des farblich abgesetzten Buttons am unteren Ende der Instagram-Anzeige kann ebenfalls ausgewählt werden. An dieser Stelle sieht der Werbekunde ein letztes Mal, wie die Werbeanzeige final aussieht. Das dient der Prüfung, ob das gewählte Bild oder Video gut dargestellt wird und die Anzeige insgesamt wirkt, wie sie soll.

Nach der Erstellung geht die Kampagne zunächst in eine automatische Überprüfung. Nahezu alle

Werbeanzeigen überstehen diese, denn es geht hauptsächlich darum, anstößige oder illegale Inhalte zu filtern. Nicht jugendfreie Themen dürfen beispielsweise auf Facebook und somit auch auf Instagram nicht beworben werden und würden bei dieser automatischen Prüfung auffallen. Bis eine regelkonforme Kampagne mit all ihren Werbeanzeigen freigegeben wird, kann es von einigen wenigen Minuten bis hin zu mehreren Stunden dauern. Die Dauer ist nicht davon abhängig, ob die Werbeanzeige nur auf Instagram oder auf weiteren Werbenetzwerken ausgespielt wird oder ob nur eine oder ob mehrere Anzeigenvariationen erstellt wurden. Als Werbetreibender sollte man das lediglich wissen und einkalkulieren, also die Kampagne rechtzeitig aufbauen und notfalls lieber später aktivieren, anstatt zu riskieren, dass sie noch überprüft wird, während sie längst laufen sollte.

## Kapitel 5.3: Erfolgsmessung bei Instagram Ads

Messbar ist in der digitalen Welt beinahe alles. Je nach Ziel kann das sehr einfach und in wenigen Klicks erledigt oder aber eine Aufgabe für einen erfahrenen Webanalysten sein. Die Erfolgsmessung sollte bei der Planung und Erstellung von Instagram Ads von Anfang an mitgeplant werden, denn wenn sich dabei Schwierigkeiten oder Herausforderungen ergeben, müssen sie noch vor der ersten Impression gelöst werden.

Reichweitenziele oder Klicks auf die Anzeige sind noch leicht messbar. Sie erscheinen im Werbeanzeigenmanager von Facebook und werden natürlich auch bei reinen Instagram-Kampagnen mit angezeigt. Bei der Schaltung von Anzeigen muss nichts weiter berücksichtigt werden. Aus diesen Kennzahlen lassen sich später auch noch weitere Zahlen errechnen, etwa die Klickrate oder Click-through-Rate („CTR"). Diese sagt aus, welcher Anteil an Personen, die die Anzeige gesehen haben, einen Klick getätigt haben. Somit ist die CTR ein Hinweis darauf, ob die Anzeige auch interessant war, denn die Reichweite allein sagt noch nicht viel aus. Auch kann die CTR herangezogen werden, um herauszufinden, ob Anzeigenmotiv A oder B bei der Zielgruppe besser angekommen ist.

Schwieriger wird es bei Conversion-Zielen. Alles, was außerhalb von Instagram getätigt wird, erfordert in der Regel etwas mehr Planung. Vergleichsweise simpel ist die Messung des Klicks auf einen Button auf einer Website. Hierfür wird nur der Facebookpixel benötigt, den ein Webentwickler in die Website einbauen muss, auf die der Traffic der Anzeige geleitet wird. Schon wird jeder Klick auf den Button erfasst. Diese Methode bietet sich beispielsweise dann an, wenn das Ziel der Kampagne ein ausgefülltes Formular ist. Für einen Kauf in einem Onlineshop genügt das allein natürlich nicht mehr, denn hier will der Werbetreibende wissen, welche Umsätze getätigt wurden und ob es sein kann, dass ein Kunde zwar via Instagram auf den Shop aufmerksam wurde, dann aber später über einen anderen Kanal wiederkam und den Kauf tätigte. Für solche Messungen reicht selbst der Facebookpixel nicht mehr aus. Er sollte weiterhin eingebunden werden, damit im Werbeanzeigenmanager von Facebook auf einen Blick ersichtlich ist, welche Werbeanzeigen welchen Umsatz eingebracht haben. Tiefergehende Fragen kann allerdings nur noch ein Webanalysetool wie Google Analytics beantworten.

Bei Verlinkungen auf eine Website aus einer Instagram Ad heraus sollte immer dafür gesorgt werden, dass der Traffic auf der Seite sauber durchgemessen werden kann. Hierfür empfehlen sich sogenannte Trackingparameter. Dies sind Parameter, die an die URL angefügt werden, auf die die Werbeanzeige weiterleitet. Sie kommunizieren mit dem Webanalysetool und verraten ihm, dass der Klick via Instagram kam. Ausgereifte Trackingparameter können auch eine Information darüber beinhalten, welches Anzeigenmotiv genau geklickt wurde, wenn mehrere gleichzeitig verwendet wurden. Auf diese Weise sind sogenannte A/B-Tests möglich, bei denen unterschiedliche Einstellungen oder eben Anzeigen gegeneinander getestet werden. Die so genannten UTM-Parameter werden von beinahe jedem Web-Tracking-Tool verstanden und sind somit eine optimale Möglichkeit, den Erfolg einer Kampagne auf Instagram auch über das Netzwerk hinaus sauber zu messen. Unter https://ga-dev-tools.appspot.com/campaign-url-builder/ kann jeder eine eigene URL mit UTM-Parametern versehen, der Dienst ist kostenlos.

# Kapitel 6: Influencer

Jeder Einzelne von uns ist ein Influencer. Nur die Reichweiten unterscheiden sich stark voneinander.

Der Metzger um die Ecke mag von Instagram-Marketing, dem Web 2.0 und dem Internet ganz allgemein keine hohe Meinung haben. Seine Kundschaft kennt ihn seit Jahrzehnten und kauft gern bei ihm ein. Die Mund-zu-Mund-Propaganda hat seine kleine Metzgerei über die Jahre am Leben gehalten. Er weiß sicher: Kinder, die ihre Mütter und Großmütter fragen, woher sie das Fleisch für den Sonntagsbraten in der ersten eigenen Wohnung bekommen sollen, werden an ihn verwiesen. Woran er nicht gedacht hat? Er

nutzt die älteste Form des Influencer-Marketings!

Jeder von uns hat eine klare Meinung zu Produkten, Dienstleistungen, Angeboten, Marken, Unternehmen ... und wenn wir noch keine haben, dann sind wir schnell dabei, eine zu entwickeln. Sie geben wir als kommunikationsfreudige Lebewesen gern an unsere Mitmenschen weiter. Spätestens, wenn wir nach einer Meinung gefragt werden, beeinflussen wir unbewusst und meistens unbeabsichtigt die Kaufentscheidungen unserer Mitmenschen. Es passiert jeden Tag im Supermarkt, in der Drogerie, im Möbelhaus, einfach überall. Das junge Pärchen, das vor dem Schokoladenregal steht, steht bereits unter dem Einfluss der Social-Media-Influencer. Während er am liebsten einfach die nächstbeste Vollmilchschokolade mitnehmen will, sucht sie die neue Kreation, die sie vor einigen Tagen erst auf Instagram bei einer der Bloggerinnen gesehen hat, denen sie folgt. Denn wenn die den Geschmack gut fand, dann könnte er tatsächlich lecker sein – sie hat doch sonst auch immer den richtigen Riecher, wenn es um Trends geht.

Influencer-Marketing ist zwar nicht mit Instagram gleichzusetzen, allerdings geht beides miteinander Hand in Hand. Nahezu alle wichtigen Influencer sind auf Instagram vertreten, einige haben sich sogar ausschließlich auf diesen einen

Kanal spezialisiert. Das ist den Unternehmen nicht entgangen. So ist das Influencer-Marketing unter anderem auf Instagram neben dem eigenen Account und der gezielten Werbeschaltung eine Säule des Instagram-Marketings für Unternehmen geworden.

## Kapitel 6.1: Was sind Influencer?

Ein Influencer ist zunächst jemand, der Einfluss nimmt auf die Entscheidungen seiner Mitmenschen, ohne sie dabei zu manipulieren oder zu drängen. Seine Meinung besitzt bei ihnen einen so hohen Stellenwert, dass sie ihn aktiv konsultieren oder sich ganz unbewusst nach seinem Lebensstil richten.

*Influencer müssen zur Marke und zum Ziel passen*

Influencer werden oft gleichgesetzt mit den bekannten und reichweitenstarken Bloggern, die neben ihrem Blog oder Vlog auch einen eigenen

Kanal auf Instagram betreiben. Es gibt beispielsweise die Stars und Sternchen wie Kim Kardashian oder Selena Gomez, denen Menschen aus aller Welt folgen. Dann gibt es die Influencer, die hauptsächlich in ihrem jeweiligen Heimatland bekannt sind, über die Landesgrenzen hinaus aber schon niemandem mehr etwas sagen. Und es gibt die Influencer der Nischen, die innerhalb ihres „Fachgebiets" ein hohes Ansehen genießen und vor allem dann infrage kommen, wenn ein Unternehmen speziell aus diesem Bereich seine Produkte und Dienstleistungen positionieren will.

Ein Influencer muss also gar nicht viel Reichweite haben, um relevant zu sein. Natürlich spielt diese Kennzahl trotzdem eine nicht ganz unwichtige Rolle. Geht es um Mode, Beauty, Essen oder ähnlich topaktuelle Themen, dann finden sich natürlich leicht reichweitenstarke Influencer, die auch entsprechend teuer sind. Nischenthemen wie etwa die Beaglezucht, die Architekturfotografie oder wenig bekannte Sportarten wie Bouldern oder Parkour sind anspruchsvoller, denn die Influencer dieser Sparten haben zunächst weniger Reichweite. Wenn sie dafür aber etwas befürworten, dann haben sie das volle Vertrauen ihrer Follower. Gleiches gilt für Microblogger, die in jedem Themengebiet zu Hause sein können. Sie haben keine Millionenreichweite und betreiben ihren

Instagram-Account vielleicht auch nur als Hobby nebenbei. Dafür haben sie aber einige treue Follower, zu denen sie ein besonders enges Verhältnis haben und die ihnen Glauben schenken, wenn sie einen Produkttipp bekommen.

## Kapitel 6.2: Was kann Influencer-Marketing auf Instagram bringen?

Genau wie bei der Anzeigenschaltung sollte auch bei einer Influencer-Kampagne überlegt werden, was sie erreichen soll. Dadurch lassen sich die Fragen nach der Erfolgsmessung oder der Wahl der richtigen Influencer leichter beantworten.

Ebenfalls Beachtung finden muss das Medium Instagram mit seinen Besonderheiten und Anforderungen. Auch im Bereich der Influencer müssen hochwertige Visuals gewährleistet sein. Jemand, der toll schreiben kann, dafür aber eher schlecht als recht fotografiert, kommt für Instagram somit nicht infrage, da hier andere Werte zählen.

Eine Influencer-Kampagne auf Instagram kann sich zunächst positiv auf Bekanntheit und Image einer Marke auswirken. Blogger und Persönlichkeiten beeinflussen bewusst und unbewusst unsere Kaufentscheidungen. Besonders leicht sind natürlich junge Zielgruppen damit zu erreichen, denn sie leben noch nach dem Motto, dazugehören zu wollen. Bei erwachsenen Zielgruppen ist das bereits schwieriger, aber durchaus immer noch möglich. Sie folgen einem Influencer, weil sie seine Art, seinen Stil oder seinen Lifestyle gut finden und sich selbst darin wiedererkennen oder gern so sein wollen. Empfiehlt er ein Produkt oder eine Dienstleistung, dann ist es nicht unwahrscheinlich, dass sich auch erwachsene Follower mit der Marke und dem Produkt auseinandersetzen und es in ihre engere Auswahl beim Kauf einfließen lassen. Vor allem sorgt eine Influencer-Kampagne in einem reichweitenstarken Medium wie Instagram dafür, dass eine Marke wahrgenommen wird – und das dank des Zusammenhangs mit lieb gewonnenen Influencern meistens auch sehr positiv.

Richtig aufbereitet kann eine Influencer-Werbemaßnahme natürlich auch zu Käufen führen. Viele Unternehmen bieten ihren Instagrammern an, in ihren Beiträgen einen einzigartigen Gutscheincode zu posten. Das regt nicht nur den potenziellen Endkunden dazu an, sich gleich jetzt das Produkt zu günstigeren Preisen zu sichern. Auch schafft das eine Möglichkeit der Erfolgsmessung. Schließlich hat jeder Instagrammer seinen eigenen Rabattcode bekommen und so lässt sich genau nachvollziehen, welcher Kauf über welchen Instagrammer zustande gekommen ist.

## Kapitel 6.3: Wie findet man die richtigen Influencer für die Kampagne?

Muss es wirklich Selena Gomez sein? Oder passt zur Kampagne nicht doch besser die sympathische Familienbloggerin von nebenan? Die Frage nach den richtigen Influencern beantworten bereits die Zielsetzungen der Kampagne sowie die Zielgruppe, in der sie gestreut werden soll.

Am besten eignen sich Influencer, die selbst nah an den Marketing-Personas eines Unternehmens sind. Je besser sich der potenzielle Kunde mit dem Influencer identifizieren kann, desto eher sympathisiert er auch mit dessen Empfehlungen und Meinungen und richtet sich in seiner Kaufentscheidung nach ihm. Ein Unternehmen, das etwa Babypflegeprodukte verkauft, richtet sich an die Mütter der Babys und zum Teil an die Väter. Sie folgen sicherlich dem einen oder anderen schlanken Fitnessmodel auf Instagram – sei es, um sich selbst daran zu erinnern, wie sie einmal ausgesehen haben und wieder sein wollen, sei es, weil sie sich von der Instagrammerin Fitness- und Ernährungstipps erhoffen. Von ihr würden sie aber eher keinen Rat für Babyprodukte ernst nehmen, denn woher sollte sie wissen, was sie da empfiehlt? Auf die Empfehlung einer anderen Mutter geben die potenziellen Kundinnen dagegen viel mehr – oder auf die eines bloggenden Vaters. Dieser Influencer muss dafür nicht aussehen wie ein Model, die Natürlichkeit macht ihn oder sie für das Produkt umso glaubwürdiger.

Ein reichweitenstarker Influencer kann eine gute Wahl sein. Lautet das Ziel, möglichst oft gesehen zu werden, dann ist eine gewisse Reichweite absolut erforderlich. Andernfalls wird das Ziel der Kampagne schwer erreicht. Selbst, wenn der Schwerpunkt auf Instagram liegen soll, ist es sinnvoll, sich auch die Reichweiten der anderen Kanäle anzusehen, denn es kann dadurch zu sogenannten Spillover-Effekten kommen. Das bedeutet, dass ein potenzieller Kunde durch einen der anderen Kanäle auf die Kampagne aufmerksam wird und sich dann auch noch Facebook, Instagram und weitere Kanäle des Influencers ansieht. Bei Nischenprodukten oder Themen, die fachlich anspruchsvoll und erklärungsbedürftig sind, kann es durchaus Sinn haben, stattdessen auf viele kleinere Influencer zu setzen, mit denen dafür aber gern interagiert wird. Hohe Reichweiten werden nicht erzielt, dafür aber eine große Glaubwürdigkeit der Kampagne. Die Rede ist von sogenannten Microinfluencern, die nur in einem sehr kleinen Kreis aktiv sind, dafür aber genau wissen, wovon sie reden. Das Phänomen gibt es natürlich auch auf Instagram, manchmal sind sogar reine Instagrammer unter ihnen.

## Kapitel 6.4: Was sollte Gegenstand einer Influencer-Kampagne sein?

Viele Unternehmen arbeiten selbst heute noch auf sehr informeller Basis mit ihren Influencern zusammen. Es gibt keine richtigen Verträge, sondern nur lose Vereinbarungen per E-Mail. Wenn sich beide Parteien daran halten, kann das funktionieren und viel Arbeit ersparen. Professionelle Influencer-Kampagnen sehen dennoch anders aus.

Zunächst sollte mit jedem Influencer genau vereinbart werden, welche Rechte und Pflichten beide Parteien haben. Für das Unternehmen sollte danach klar sein:

- Was wird dem Influencer zur Verfügung gestellt?
- Gibt es eine Vergütung?
- Wann wird eine Vergütung ausgezahlt?
- Gehen Nutzungsrechte an den Bildern auf das Unternehmen über?
- Wer haftet bei Abmahnungen, Verstößen etc.?

Der Influencer sollte durch diese Vereinbarung wissen:

- Was ist genau zu leisten? Ein Produkttest, eine Serie von Bildern, ...
- Bis wann ist ein Beitrag zu erstellen?
- Sollen bestimmte Hashtags auf Instagram verwendet werden?
- Wie lange muss der Instagram-Beitrag jeweils online bleiben?
- Darf ein zur Verfügung gestelltes Testprodukt danach behalten werden?

Die sicherste Möglichkeit ist ein schriftlicher Vertrag. Bestenfalls wird er von einem Rechtsanwalt aufgesetzt, es kann jedoch auch selbst ein Vertrag geschrieben werden. Wenn außer Instagram weitere Kanäle bedient werden, sollten auch diese in der Vereinbarung berücksichtigt werden.

# Kapitel 7: Tools, Agenturen und Hacks für Instagram

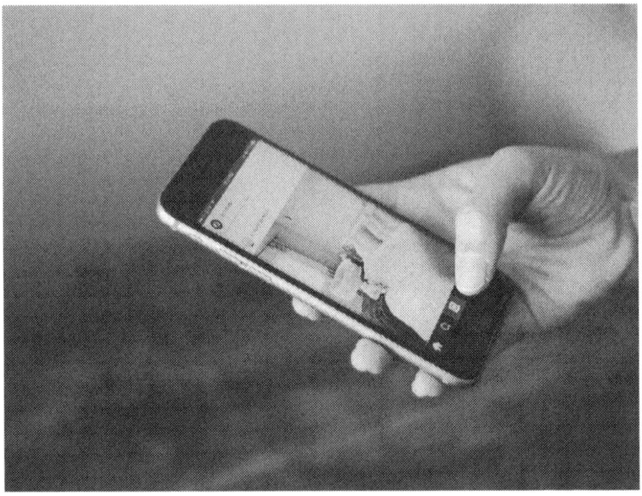

*Die geschäftliche Nutzung von Instagram unterscheidet sich von der privaten Verwendung der App*

Abends zu Hause auf der Couch reicht für Instagram ein Smartphone mit Internetverbindung. Mehr als eigene Fotos und Videos hochzuladen und die schönsten Beiträge zu liken macht ein privater Anwender nicht. Fürs Instagram-Marketing ist schon etwas mehr Spielraum erforderlich, auch das benötigte Fachwissen überschreitet die Anforderungen an den privaten Anwender. Aus gutem Grund ist das Thema Instagram ein fester Bestandteil des

Angebotsportfolios von Social-Media-Agenturen. Wer diese nicht beauftragen will, kann sich darüber hinaus auf eine Reihe von Managementtools verlassen, die die Arbeit mit Instagram erleichtern.

# Kapitel 7.1: Lohnt sich eine Agentur?

Die Beauftragung einer Agentur fürs Instagram-Marketing ist eine wichtige Grundsatzentscheidung, vor der jedes werbende Unternehmen irgendwann stehen wird. Wie bei jeder anderen Marketingdisziplin kann auch Instagram entweder durch die eigenen Mitarbeiter abgedeckt werden oder die Arbeit wird ausgelagert, wenn das Fachwissen und die zeitlichen Ressourcen im Unternehmen dafür nicht vorhanden sind.

*Spezialisierte Agenturen - der Garant für erfolgreiches Instagram-Marketing?*

Die Frage lässt sich also pauschal nicht beantworten. Kleine wie auch große Unternehmen profitieren davon, eine spezialisierte Agentur zu beauftragen, wenn sie intern das Fachwissen nicht haben. Dann kann die Agentur entweder langfristig den Instagram-Auftritt betreuen und entwickeln – oder aber sie übernimmt diese Aufgabe nur zeitweise und lernt dabei den Social-Media-Manager des Unternehmens an, damit dieser irgendwann die Arbeit eigenständig übernehmen kann. Dann würde die Beauftragung einer Agentur gleichzeitig eine Investition in die eigenen Mitarbeiter bedeuten. Denkbar ist auch, dass eine Agentur in den Teilbereichen unterstützt, in denen das Unternehmen selbst die Leistung nicht erbringen kann. Beispielsweise kann eine Agentur nur die Grafiken erstellen oder die Schaltung der Instagram Ads übernehmen, während alle anderen Bereiche vom Unternehmen selbst abgedeckt werden.

Bei der Auswahl einer passenden Agentur muss also von vornherein klar sein, was sie übernehmen soll. Das hilft bei der Auswahl. Wenn sie vor allem die Werbeschaltung abdecken können muss, dann sollte es sich um eine Performanceagentur handeln, einen eigenen Grafiker muss sie gar nicht haben. Der Grafiker wäre jedoch unabdingbar, wenn von der Agentur der Content angeliefert werden soll. Wie bei jeder anderen Onlinemarketingdisziplin sollte man sich bei der Auswahl die Referenzen der Agentur sowie die Qualifikationen der Mitarbeiter genau ansehen, die den Instagram-Account später betreuen würden. Auch lohnt es sich, sich mehr als nur ein Angebot einzuholen, denn die Preise können drastisch auseinandergehen und eine preiswerte Agentur kann durchaus genauso gute Arbeit leisten wie die renommierte Hochglanzagentur mit dem hohen Angebot.

Je nach Social-Media-Präsenz kann es jedoch sinnvoll sein, eine Agentur nicht nur mit Instagram, sondern auch mit den anderen Kanälen zu beauftragen. Eine Social-Media-Agentur wird häufig ohnehin auf alle gängige Kanäle spezialisiert sein und sie fachkundig bedienen können. Dadurch ist einerseits der einheitliche Markenauftritt sichergestellt. Andererseits kann die Agentur dadurch Spillover-Effekte zwischen den einzelnen Netzwerken ausnutzen und somit die Marketingziele leichter erreichen. Ob das sinnvoll ist und wie eine solche Zusammenarbeit in der Praxis aussehen kann, wird am besten im direkten Gespräch mit der Agentur geklärt.

Eine offizielle Zertifizierung für Agenturen gibt es seitens Instagram derzeit nicht. Auch sprechen weder Facebook noch Instagram gezielt Empfehlungen für Agenturen aus oder vermitteln einen geeigneten Kontakt. Einige wenige, meistens große Agenturen haben jedoch eine Partnerschaft mit Facebook. Dadurch kommen sie zwangsläufig bei der Werbeschaltung auch mit Instagram in Berührung. In diesen Genuss kommt eine Agentur nur dann, wenn sie qualitativ hochwertige Werbeanzeigen schaltet und eine gewisse Budgethöhe bei Facebook ausgibt. Es kann also davon ausgegangen werden, dass diese Agenturen fachkundig und professionell arbeiten und eine Zusammenarbeit mit ihnen eine gute Wahl darstellt.

## Kapitel 7.2: Managementtools für Instagram

Zur Steuerung, Auswertung und Erfolgsmessung des Instagram-Marketings kann sich ein eigenes Managementtool lohnen. Wenn Teams miteinander zusammenarbeiten, Mitarbeiter aus verschiedenen Fachrichtungen den Account bedienen oder gar mehrere Accounts verwaltet werden wollen, dann lohnt sich der Einsatz eines Tools. Die Spanne der Angebote reicht dabei von Tools, die nur eine wesentliche Funktion haben, bis hin zu Toolkits, in denen mehrere Funktionalitäten stecken und die oft auch andere soziale Kanäle bedienen können. Preislich gehen sie natürlich je nach funktionellem Umfang ebenfalls weit auseinander.

Zunächst gibt es Tools, die sich auf die redaktionelle Arbeit mit Instagram konzentrieren. Sie ermöglichen es einem Team oder einem einzelnen Social-Media-Redakteur, Beiträge zu erstellen und zu planen. Seit kurzer Zeit ist es bei Instagram nun möglich, über solche Tools Beiträge vorzuplanen, also sie zu einem fest definierten Zeitpunkt in der Zukunft zu veröffentlichen. Das ist bei Facebook schon lange möglich, war bei Instagram bisher jedoch nicht machbar. Ein solches Redaktionstool kann folgende Features enthalten:

- Vorplanung eines Instagram-Beitrags (Fotos und Videos)
- kollaborative Erstellung von Beiträgen im Team
- Verwaltung häufig genutzter Hashtags
- Erstellung eines Redaktionsplans
- Auswertung der Leistungskennzahlen von Instagram-Beiträgen

Redakteure und Grafiker können nach und nach ihren Beitrag zum Instagram-Marketing hochladen. Beispielsweise kann ein Grafiker zuerst alle geplanten Posts für den Monat in einem Schwung erstellen und sie ins Tool hochladen. Dort bestückt der Redakteur sie dann mit ihrem Text und versieht sie mit Hashtags, damit sie zum Termin online gehen können. Ohne ein Tool hätte diese Aufgabe viel Abstimmung und noch mehr zeitlichen Aufwand gekostet.

Viele Unternehmen bewegen sich mit der Zeit inhaltlich in einem Bereich, in dem sie einige Hashtags immer wieder und wieder verwenden.

Mit einem Smartphone ist es oft möglich, die Hashtags in Form eines Kurzbefehls zu speichern. So muss dann nur noch der Kurzbefehl eingegeben werden, bei dem es sich beispielsweise um eine Buchstabenkombination oder ein bestimmtes Wort handeln kann. Es fügt dann automatisch die gespeicherten Hashtags ein. Redaktionstools ermöglichen es, die häufig genutzten Hashtags zu gruppieren und sie auf diese Weise auch bei der Arbeit am Computer schnell und einfach einzufügen.

Redaktionstools decken meist nicht nur Instagram ab, sondern auch die meisten anderen gängigen und großen sozialen Netzwerke. Somit bieten sie sich besonders dann an, wenn ein Unternehmen in mehreren Kanälen aktiv ist und auch deren Verwaltung gleich mit abdecken möchte. Insbesondere bei Instagram haben Tools dieser Art den Vorteil, dass sich niemand mehr über das Handy einloggen muss, um die App zu verwalten. Wenn die Aufgabe einem Mitarbeiter zufällt, können andernfalls Vorbehalte gegen die Nutzung des eigenen Handys im dienstlichen Zusammenhang aufkommen.

Weitere Tools decken auch die Anzeigenschaltung sowie das Communitymanagement ab. Da

Instagram zum Werbenetzwerk von Facebook gehört, handelt es sich bei Toolkits in der Anzeigenschaltung meist um umfangreiche Pakete, die eine Vielzahl an Funktionen mit sich bringen. Gemacht sind sie für fortgeschrittene Anwender, sodass ihr Einsatz hauptsächlich dann infrage kommt, wenn sich ein erfahrener Performance-Marketing-Manager mit der Thematik befasst.

Sehr angenehm an der Verwendung von Tools ist die Möglichkeit der Auswertung von Leistungskennzahlen. Diese lassen sich natürlich sowohl in Instagram selbst als auch im Werbeanzeigenmanager von Facebook darstellen. Um sie vollständig einzusehen, sind aber schon mehrere Schritte erforderlich. Auch sind die Zahlen vielleicht nicht so visualisiert, wie sie gebraucht werden. Ein Excelexport gestaltet sich besonders bei den organischen Zahlen von Instagram nicht ganz einfach. Social-Media-Tools übernehmen diese Aufgabe und bereiten wichtige Kennzahlen so auf, dass mit ihnen gearbeitet werden kann. Dadurch lässt sich die Erfolgsmessung wesentlich vereinfachen.

## Kapitel 7.3: Wie wählt man das richtige Instagram-Tool aus?

Es gibt eine Fülle an sehr guten, weit entwickelten Tools für die Verwaltung von Instagram und anderen sozialen Netzwerken auf dem Markt. Die marktführenden Tools sind recht teuer, doch es gibt glücklicherweise auch viele gute Alternativen zu ihnen. Vom Preis sollte die Entscheidung für das richtige Tool nicht abhängen, sondern davon, welche Funktionen es erfüllen soll und was die Arbeit mit Instagram im Alltag erleichtern würde.

Der erste Schritt sind also viele Gespräche mit dem Vertrieb des Tools. Vertriebler kennen den funktionellen Umfang oder können sich die Information von den Entwicklern einholen, sollten sie sehr spezifische Fragen nicht sofort beantworten können. Zur Vorbereitung eines solchen Gesprächs muss man sich Gedanken machen, was das Tool können muss und was optional sinnvoll sein könnte, aber kein Muss für die Entscheidung ist.

Daraus ergibt sich eine erste Eingrenzung der Tools, die infrage kommen. Die meisten bieten einen Testzeitraum von einigen Tagen bis hin zu einem kostenfreien Monat an. Währenddessen steht der Funktionsumfang des Tools vollständig zur Verfügung und kann ausgiebig ausprobiert werden. Dadurch kann man mit eigenen Augen sehen, ob das Angebot den Anforderungen gerecht wird und langfristig eine zufriedenstellende Lösung sein kann. Während des Tests wird das Tool mit dem Instagram-Account und den weiteren Social-Media-Profilen verbunden, die es verwalten kann. Sollte keine Entscheidung für das Tool stattfinden, werden diese Daten nicht gespeichert. Andernfalls können bereits angefangene Arbeiten nach dem Kauf oft direkt übernommen werden, sodass die bisherige Arbeit nicht vergeblich war.

Bei der Bezahlung eines Social-Media-Tools gibt es meistens Preisstaffeln. Sie können verschiedene Funktionen beinhalten oder sich nach der Laufzeit der Beauftragung richten. Wenn gewisse Funktionen mehr Geld kosten, kann es sinnvoll sein, zunächst das kleinere Paket zu wählen und zu evaluieren, ob es ausreichend ist. Handelt es sich um Laufzeitstaffelungen, ergibt die Buchung eines längeren Zeitraums womöglich mehr Sinn und sorgt dafür, dass das Tool insgesamt günstiger ausfällt. Das ist auch für die Buchhaltung angenehmer, da dann nur eine Rechnung kommt statt regelmäßiger monatlicher Rechnungen.

# Kapitel 7.4: Instagram-Hacks

Instagram ist glücklicherweise intuitiv und leicht zu bedienen. Die Verwaltung macht allein deswegen Spaß, da man immer wieder einen Blick in die Explore Page werfen und selbst spannende Inhalte entdecken und genießen kann. Dennoch wünscht sich so mancher Social-Media-Manager im Alltag Tipps und Tricks, mit denen aufwendige Arbeiten einfacher zu verrichten sind.

## Instagram-Hack #1: Uploaden im Chromeentwicklermodus

Ohne ein schlaues Verwaltungstool werden die einzelnen Bilder und Videos auf Instagram einzeln hochgeladen. Das ist anstrengend und langwierig und vor allem muss zum geplanten Zeitpunkt immer ein Mitarbeiter zur Stelle sein, der bereit ist, sein Smartphone dafür zur Verfügung zu stellen.

Anstrengend? Ja!

Leichter ginge es mit dem Entwicklermodus des Browsers Google Chrome. Dieser kann eine Webanwendung so anzeigen, wie sie auf den verschiedenen Endgeräten zu sehen wäre, also auch auf einem Tablet oder einem Smartphone. Wird die Instagram-Seite also im Entwicklermodus aufgerufen und soll als Smartphone dargestellt werden, genügt ihr das, um zu denken, der Nutzer würde gerade wirklich vom Handy aus auf sie zugreifen. Sie schaltet also um in das Design, das der Nutzer in der App sieht. Und das verschafft ihm die Möglichkeit, Bilder und Videos direkt vom PC hochzuladen, so als wäre er innerhalb der App unterwegs.

## Instagram-Hack #2: Foto-Filter neu anordnen

Die Fotofilter auf Instagram waren es, die die App unter Hobbyfotografen so immens beliebt gemacht haben. Denn dank ihnen war es gar nicht mehr notwendig, das Bild aufwendig nachzubearbeiten. Einfach den Filter auswählen – schon sah das Werk farblich intensiv und wie aus dem Studio eines Profis aus.

Zudem wird per Hashtag nach den Filtern gesucht. Das kann dem Beitrag zusätzliche Reichweite verschaffen.

Doch was, wenn der Lieblingsfilter einer derjenigen Filter ist, die sich ganz hinten befinden? Mit der Zeit kann es zeitraubend werden, immer nach hinten zu scrollen. Stattdessen kann der Lieblingsfilter einfach nach vorn geholt werden – und gleichzeitig werden diejenigen Filter verborgen, die nie zum Einsatz kommen.

Dazu wird zunächst ein Foto oder Video hochgeladen. Dadurch gelangt man in den Bereich, in dem der Filter eingestellt werden kann.

*Instagram kennt so viele tolle Foto-filter - aber der eigene Liebling ist ganz weit hinten?*

Eine Wischbewegung zum rechten äußeren Rand der Filter führt bis zum Ende, dort befindet sich ein Button „Verwalten“. Es öffnet sich eine Ansicht mit allen Filtern, an ihrem linken Rand befindet sich ein Burger-Menü. Dies sind drei horizontale Striche übereinander. Wenn ein Filter verschoben werden soll, wird hierhin geklickt und er kann entweder nach oben oder nach unten gezogen werden.

Am rechten Rand der Filter befinden sich Kreise. Soll der Filter vollständig gelöscht werden, wird dieser Kreis einmal ausgewählt und der Filter ist

verborgen. Das bedeutet, er erscheint jetzt nicht mehr als Option, wenn neue Bilder hochgeladen werden. Soll er wieder erscheinen, dann wird der Haken in diesem Kreis einfach wieder entfernt und der Filter steht wieder zur Verfügung.

## Instagram-Hack #3: Mehrere Instagram-Konten auf einem Smartphone verwalten

Die meisten Instagram-Manager besitzen neben dem geschäftlichen Profil auch ihr eigenes, privat genutztes Profil und wollen auf ihrem Smartphone beide verwalten. Das ständige Hin- und Herwechseln zwischen den beiden Accounts kann auf die Dauer sehr anstrengend werden.



*Ein Social-Media-Manager verwaltet oft mehrere Instagram-Konten auf einmal - aber jedes Mal neu ein- und ausloggen, muss das sein?*

Für diesen Fall hält Instagram die Möglichkeit bereit, sich mit mehreren Accounts gleichzeitig auf einem Smartphone oder Tablet einzuloggen. Später kann dann im Profil mit einem Klick auf den Accountnamen ein Dropdownmenü geöffnet werden, in dem der gewünschte Account ausgewählt werden kann. Ist man einmal eingeloggt, ist ein fliegender Wechsel zwischen den zwei verschiedenen Konten möglich.

Vorher muss sich der Nutzer jedoch einmal in jeden Account einloggen, der von diesem Gerät aus bearbeitet werden soll. Im Profil befinden sich bei iOS ein Zahnrad und bei Android 3 Punkte im oberen Bereich. Der Klick öffnet ein langes Menü, ganz unten befindet sich ein Punkt „Konto hinzufügen“. Hierüber können jetzt nach und nach alle Konten eingegeben werden, die verwaltet werden sollen. Das geschieht ganz einfach über die Eingabe von Accountname und Passwort. Ist man einmal eingeloggt, bleibt der Login bestehen. Nur dann, wenn sich ein Passwort ändert, muss das betreffende Konto in der App auf dem Smartphone neu konfiguriert werden.

## Instagram-Hack #4: Kommentare nach Schlagworten filtern

Kommentare sind erfreulich und signalisieren, dass die Inhalte die Zielgruppe ansprechen. Ein Like ist schnell einmal gegeben. Damit ein Nutzer kommentiert, muss das Bild oder das Video bereits etwas mehr leisten, als nur gut auszusehen. Leider sind die Social-Media-Trolle nie weit entfernt, wenn es etwas zu kommentieren gibt, und so steigt mit zunehmender Anzahl kommentierender User auch die Gefahr, dass darunter Kommentare sind, die das Unternehmen unter seinem Beitrag nicht stehen lassen möchte – sie geben ein schlechtes Bild ab.

Kommentare können problemlos gelöscht werden. Was aber, wenn sie eine gewisse Anzahl überschreiten und die Suche nach den einzelnen problematischen Kommentaren zur stundenlangen Arbeit wird? Dann empfiehlt sich die Filterfunktion.

Sie befindet sich versteckt im Profil. Bei iOS führt der Klick auf das Zahnradsymbol dorthin und bei Android auf die drei Punkte im Profil. Im Menü befindet sich die gewünschte Einstellung unter „Kommentare".

Zunächst muss die Option „Unangemessene Kommentare verbergen" eingeschaltet werden. Dadurch kann der Nutzer eine Liste von Begriffen eingeben, die in Kommentaren nicht enthalten sein sollen. Kommentiert ein anderer Nutzer eines dieser Worte, dann wird sein Kommentar automatisch verborgen und wird niemals veröffentlicht. Sinnvoll sind beispielsweise die Markennamen von Mitbewerbern, wenn andere Nutzer häufiger kommentieren, dass es bei ihnen das Produkt günstiger gibt, oder auch Schimpfworte und unerwünschte Hashtags.

Es ist ebenfalls möglich, eine Liste mit Schlagworten auszuschließen, die Instagram vorgibt. Hierbei handelt es sich um Begriffe, die von anderen Accounts häufig als Spam gemeldet wurden. Besonders bei großen Accounts kann das sinnvoll sein, denn auf diese Weise können viele unerwünschte Wortmeldungen bereits ausgeblendet werden.

Instagram-Hack #5: Fotos mit ungewollter Markierung verbergen

Instagram gehört zu den sozialen Netzwerken und will als solches die Interaktion und den Austausch der User untereinander fördern. Funktionen wie das Taggen eines anderen Instagram-Accounts auf Fotos und Videos ist angesichts dieser Philosophie nur logisch und sinnvoll. Allerdings wollen gerade Unternehmen und Marken nicht auf jedem Foto zu sehen sein, auf dem sie markiert werden. Sind diese Aufnahmen nicht hochwertig gemacht, stellen die Marke falsch dar oder passt das Umfeld nicht, sprechen genug Gründe gegen eine Markierung.

Markierungen lassen sich entweder gänzlich untersagen oder nachträglich wieder entfernen.

Im Profil befindet sich unter der Bio eine Leiste mit mehreren Icons. Am rechten Rand ist ein Icon mit der umrahmten Silhouette eines Menschen. Hier befindet sich eine Übersicht über alle Fotos, in denen der jeweilige Account markiert wurde. In diesen Bereich sollte ohnehin regelmäßig ein Blick geworfen werden, um zu sehen, wo Markierungen stattgefunden haben und ob vielleicht etwas übersehen wurde. In der oberen rechten Ecke befinden sich drei Punkte – hier verbergen sich die Optionen.

Zunächst wird auf „Fotos verbergen“ geklickt und dann können die Fotos einzeln ausgewählt werden, die nicht zum Bild der Marke passen. Ein weiterer Klick auf „Fotos verbergen“ – und die Markierung ist nicht mehr sichtbar.

Grundsätzlich ist es sinnvoll, Markierungen zuzulassen. Viele Instagrammer wissen, dass nur hochwertige Fotos gut ankommen, und achten somit auf eine entsprechende Qualität ihrer Bilder. Das schafft Reichweite für die Marke, für die sie

noch nicht einmal aktiv etwas leisten muss. Wenn allerdings die Fälle unpassender Markierungen zunehmen, kann es durchaus sinnvoll sein, die Markierung auf Bildern durch andere User grundsätzlich zu untersagen. Um die Option ganz auszuschalten, werden im gleichen Bereich die Markierungsoptionen ausgewählt. Die Einstellung „automatisch hinzufügen“ erlaubt die Markierung. Durch die Umstellung auf „manuell hinzufügen“ erhält der Instagram-Account künftig eine Benachrichtigung, wenn er markiert wurde. Er kann dann entscheiden, ob diese Markierung sichtbar werden darf – oder auch nicht.

## Instagram-Hack #6: Vorhandene Fotos und Videos in eine Story umwandeln

Storys sind Instagrams Angriff auf den Video-Messaging-Dienst Snapchat und sie werden inzwischen auch gut angenommen. Redaktionell betrachtet sind sie effektiv, aber nicht ganz einfach, denn sie müssen in dem Moment aufgenommen und sofort gepostet werden, in dem sie sich ereignen. Das sieht spontan aus und so soll es auch auf Nutzer und Follower wirken, in Wahrheit steckt aber gerade deswegen viel Planung hinter der Instagram-Story.

Viele Nutzer wissen gar nicht, dass sie nach der Aufnahme eines Fotos oder Videos noch gute 24 Stunden Zeit haben, daraus eine Story zu machen.

Zunächst wird im Newsfeed auf das Storysymbol oben links geklickt. Es öffnet sich die Ansicht, über die eine Story spontan erstellt werden könnte. Anstatt aber ein Foto oder Video neu aufzunehmen, wird mit einer Wischbewegung von unten nach oben die Galerie des Smartphones geöffnet. Daraus kann jetzt ein Foto oder Video ausgewählt werden, solange es nicht älter als 24 Stunden ist.

Durch die Auswahl wird es hochgeladen und verhält sich, als sei es gerade eben erst im Storymodus aufgenommen worden. Es können also Sticker hinzugefügt werden, der Orts- und der Wetterstempel können eingefügt werden – und wenn es als Story live geht, wird keiner den Unterschied bemerken. Auf diese Weise kann in aller Ruhe das perfekte Foto geschossen oder das optimale Video gedreht werden und die

Qualität muss gar nicht darunter leiden, dass es sich um eine ganz spontane Erstellung handelte.

Instagram-Hack #7: Livefotos in Boomerangs umwandeln (nur für iOS)

Boomerangs sind Video-Loops, also Visuals, in denen wie in einem GIF eine kurze Sequenz immer wieder und wieder abgespielt wird. Das wirkt für den Betrachter neu, interessant und er muss einfach hinschauen.

iOS hat mit seinen Livefotos ein sehr brauchbares Feature fürs Instagram-Marketing entwickelt. Denn auch sie beruhen auf der Aufnahme einer kurzen Sequenz, aus der anschließend ein einzelnes Bild ausgewählt wird. Tatsächlich besteht ein Livefoto auf dem iPhone aber aus mehreren einzelnen Aufnahmen, die einen kurzen Moment dokumentieren und auch in Bewegung darstellen können. Diese besonderen Aufnahmen lassen sich für eine Instagram-Story mit wenigen Klicks ins Boomerangformat umwandeln.

Nachdem mit dem iPhone das Livefoto erstellt wurde, wird der Storymodus in Instagram aktiviert. Anstatt eine neue Story aufzunehmen, wird mit einer Wischbewegung von unten nach oben die Galerie des Smartphones geöffnet. Anschließend wird das Livefoto geöffnet. Damit sich alle Sequenzen des Bildes zeigen, wird der Bildschirm des iPhones einmal fest gedrückt. Die Funktion, die dadurch aktiviert wird, nennt sich beim iPhone 3D-Touch. Sie funktioniert auch bei der Betrachtung eines Livefotos in der Galerie und spielt das Foto als kurzes Video ab.

Bei Instagram wird jetzt zunächst ein drehender Ladekreis gezeigt und dann das Wort Boomerang. Zum Schluss liegt das Livefoto als Boomerang vor und kann als Story veröffentlicht werden. In dieser Form hat es genau die richtige Länge für eine einprägsame Story und das iPhone hat viel technische Arbeit übernommen, die andernfalls Zeit gekostet und einen Mediengestalter notwendig gemacht hätte.

## Instagram-Hack #8: Storys als Beiträge teilen

Instagram-Storys sind eine tolle Möglichkeit, ganz aktuell an die eigenen Follower zu berichten. Viele Blogger nutzen sie beispielsweise, um Formate wie ein Follow me around zu realisieren, also einen Rundgang durch eine Location. Auch Unternehmen setzen sie kreativ ein. Es ist beinahe schade um so viel Aufwand und Kreativität, denn eine Story ist nicht für die Ewigkeit gemacht. Schon kurze 24 Stunden später ist sie nicht mehr zu sehen.

Wurde die Story aus einem Livefoto gebastelt oder schon vorher erstellt, dann ist das nicht weiter schlimm. Sie liegt ja digital vor und könnte beispielsweise danach als Beitrag auf Instagram veröffentlicht werden.

Eine tatsächlich spontan aufgenommene Story hingegen sollte immer gespeichert werden. Denn wenn sie wirklich gut war, möchte man sie vielleicht im Rahmen von Präsentationen noch einmal herzeigen oder sie als Beitrag veröffentlichen, damit sie eine längere Lebensdauer hat.

Dazu wird die Story geöffnet, solange sie noch läuft. Eine Wischbewegung auf dem Bildschirm nach oben führt zu einem Pfeil im Kreis. Er wird angeklickt und dann kann die Story unkompliziert auf dem Smartphone abgespeichert werden. Sie läuft zwar trotzdem nur für 24 Stunden und verschwindet danach, das Foto oder Video wird aber nicht automatisch ebenfalls gelöscht.

Der Speichervorgang kann auch noch während der Erstellung einer Story erledigt werden. Wurde bereits etwas aufgenommen, aber noch nicht final veröffentlicht, dann erscheint am unteren Rand der Story ebenfalls schon der Pfeil im Kreis. Bevor eine frisch aufgenommene Story live geht, kann sie bereits auf dem Smartphone gesichert werden. Danach kann sie archiviert oder nach Ablauf der Story als regulärer Beitrag in Instagram veröffentlicht werden.

# Kapitel 8: Instagram Reporting: Kennzahlen und Erfolgsmessung

Instagram macht Spaß, wird aber im Marketing nicht nur aus purer Freude an schönen Bildern und unterhaltsamen Videobeiträgen genutzt. Vielmehr geht es um die Erreichung bestimmter Ziele, seien das Umsatz- oder seien es Markenbildungsziele. Deswegen ist ein schlüssiges und sauberes Reporting auch im Instagram-Marketing wichtig.

Mit einem stimmigen Reporting lassen sich alle relevanten Fragen rund um den Erfolg des Instagram-Marketings auf einen Blick beantworten. Das dient nicht nur dem verantwortlichen Marketingmanager zur Erfolgskontrolle, sondern ermöglicht ihm auch, Entscheidungsträger im Unternehmen darüber auf dem Laufenden zu halten, warum sich Instagram lohnt und weshalb vielleicht sogar ein höheres Investment in diesen Marketingkanal sinnvoll wäre.

Ein Reporting sieht jedoch nicht für jedes Unternehmen gleich aus und orientiert sich einerseits an den Zielen, andererseits aber auch an den konkreten Werbemaßnahmen. Je nachdem, wie Instagram eingesetzt wird, müssen also unterschiedliche Zahlen ins Reporting einfließen. Teilweise werden sie nicht allein aus Instagram stammen, sondern sie kommen aus Drittanbietertools wie einem Webanalysetool zur Messung von Umsätzen. Diese Zahlen werden auch als Kennzahlen oder Key Performance Indicators bezeichnet und sollten einem Social-Media-Manager bekannt sein.

Für kleine Unternehmen bietet sich die Erstellung eines Reportings für Instagram mit Excel an. Dadurch sparen sie sich die Kosten für ein teures Auswertungstool und haben dennoch nicht übermäßig viel Arbeit mit der Auswertung. Größere Accounts hingegen lassen sich am besten mit Analysetools steuern. Teilweise deckt ein Social-Media-Tool auch die Erstellung brauchbarer Reportings mit ab. In anderen Fällen bieten sich Plugins für Google Drive oder Excel an, mit denen relevante Zahlen einfach über die API gezogen werden können.

# Kapitel 8.1: Was muss mein Reporting beinhalten?

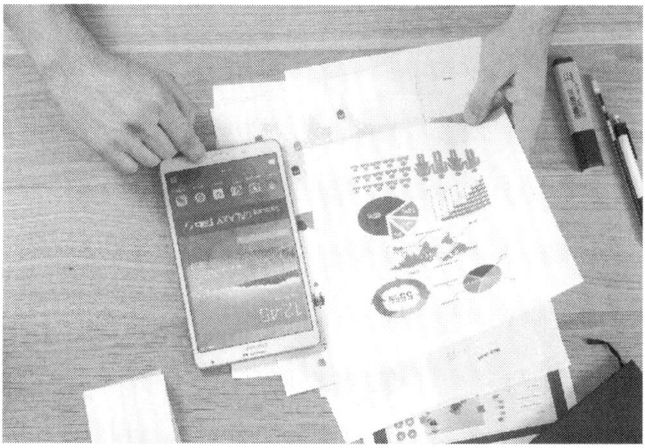

In einem werbetreibenden Unternehmen werden sich gleich mehrere Köpfe intensiv fürs Instagram-Marketing interessieren. Zunächst ist das der Social-Media-Manager, der den Kanal betreut. Auch ein Performance-Marketing-Manager wird wissen wollen, wie seine Anzeigen gelaufen sind und was sie gebracht haben. Team- und Bereichsleiter, die Leiter anderer marketingnaher Abteilungen sowie die Geschäftsführung eines Unternehmens und auch das Controlling sind weitere Stellen, die möglicherweise einen Blick ins Reporting werfen wollen. All diese Stellen haben die unterschiedlichsten Interessen, sodass es durchaus Sinn ergibt, für jedes Interesse einen eigenen Teilbereich im Reporting zu schaffen.

Der erste Schritt muss darin bestehen, die Interessen der verschiedenen Empfänger aufzulisten und zu klären, welche Kennzahlen auf ihre Fragen eine Antwort liefern können. Manchmal genügt es, ein einfaches Reporting für alle zu erstellen und ihnen lediglich die Zahlen zu erläutern, die sie verstehen müssen. In anderen Fällen ist es sinnvoller, für jede interessierte Abteilung und jeden Bereich ein eigenes Sheet zu erstellen oder gar getrennte Reportings zu versenden, um die Verwirrung gering zu halten. Andernfalls wirft das Controlling vielleicht doch einmal einen Blick in die Interaktionswerte anstatt nur in die Umsätze – und ist dann irritiert, weil so viel Interaktion doch mehr Umsatz bringen müsste.

Der zweite Schritt besteht darin, die erforderlichen Kennzahlen zu beschaffen. Für ein Umsatzziel ist die Reichweite zwar interessant, aber eher als Rechengröße zu verstehen, aus der sich zusätzliche Zahlen ableiten lassen. Käufe, die über Instagram getätigt wurden, sind relevanter. Geht es hingegen um die Markenbildung, ist es wichtiger, wie schnell die Abonnentenzahlen gestiegen sind und wie häufig eine Werbeanzeige auf Instagram ausgespielt wurde. Woher sollen diese Zahlen aber kommen? Für vieles ist Instagram als Quelle vollkommen ausreichend. Wenn es dagegen um die Messung von Zielen geht, die nicht auf Instagram selbst erreicht werden, sondern über eine Website oder gar vor Ort im Ladengeschäft, dann reicht die App allein nicht mehr als Datenquelle aus.

Der dritte Schritt lautet, die Kennzahlen ins Reporting zu bekommen. Hierfür gibt es eine Menge Möglichkeiten. Manche Zahlen können aus Instagram abgeschrieben oder einem Webanalysetool entnommen werden. Geht es um größere Datenvolumina, lohnt sich oft ein Export über die Instagram-API. Dies ist eine Schnittstelle für Entwickler, über die beispielsweise Zahlen extrahiert oder Funktionen realisiert werden können, die die Arbeit mit Instagram einfacher machen. Jedes Social-Media-Management-Tool zapft die API der verschiedenen Netzwerke an und kommuniziert auf diese Weise direkt mit ihnen. Das geht auch über spezielle Plugins für Excel, Googletabellen und andere Tabellenkalkulationsprogramme.

# Kapitel 8.2: Was bedeuten die Instagram-Kennzahlen?

Nach der Umwandlung des Instagram-Accounts in ein Unternehmenskonto besteht die Möglichkeit, über das Profil die Insights aufzurufen. Diese beinhalten Reichweiten und Informationen zu den Interaktionen mit den einzelnen Beiträgen eines Instagram-Accounts. Erreichbar sind sie durch Klick auf das Balkendiagramm in der rechten oberen Ecke des Profils.

Es öffnet sich eine Ansicht, in der zunächst die Zahl der aktuellen Abonnenten und die Anzahl aller bisher veröffentlichten Beiträge zu sehen sind. Weiter geht es mit den Impressionen, demografischen Daten zu den eigenen Abonnenten, Zahlen zu Beiträgen und zu den Instagram-Storys. Falls Werbeanzeigen geschaltet werden, dann erscheinen Auszüge aus ihren Kennzahlen im abschließenden Abschnitt „Performance“. Aber was bedeuten all diese Zahlen?

Abonnenten

Die Abonnenten sind andere Instagrammer, die dem Account folgen. Sie sind auch ohne Insights einsehbar, indem ein Blick auf das Profil geworfen wird. Diese Zahl kann nicht nur der Inhaber des Instagram-Accounts einsehen, sondern auch jeder andere Nutzer, der sich die Profilseite ansieht. Abonnenten sehen die aktuellsten Beiträge des Instagrammers, dem sie folgen, in ihrem Newsfeed. Es kann auch sein, dass die gleichen Beiträge in der Explore Page auftauchen, das richtet sich aber eher nach mit dem Content der Bilder übereinstimmenden Interessen als nach der Tatsache, dass es sich bereits um Abonnenten handelt.

Abonnenten sind deswegen besonders wichtig für die Reichweite. Trotz der großen Bedeutung der Explore Page sind sie es, die sich wirklich für die Inhalte des Instagram-Accounts interessieren, denn andernfalls würden sie nicht folgen.

In den Insights ist ebenfalls ersichtlich, wie sich die Abonnentenzahlen in den letzten 7 Tagen entwickelt haben. Die Tendenz kann zunehmend oder abnehmend sein. Anstatt sich auf die Sammlung dieser Informationen in Instagram zu verlassen, sollte man die Anzahl der Abonnenten regelmäßig anderweitig dokumentieren und die Entwicklung beispielsweise in Form eines Excel-Charts visualisieren.

Impressionen

Eine Impression sagt aus, dass ein Beitrag oder eine Werbeanzeige ausgeliefert wurde. Dabei gehen die Bedeutungen des Begriffs im organischen und im bezahlten Bereich etwas auseinander.

Im Insights-Bereich werden Impressionen an zweiter Stelle nach den Abonnenten und den Beiträgen gezeigt. Hier beziehen sie sich auf die organischen und die bezahlten Impressionen aller Instagram-Beiträge. Es handelt sich also um eine kumulierte Zahl. Eine bezahlte Impression heißt, dass die Werbeanzeige im Newsfeed eines infrage kommenden Users ausgespielt wurde. Ob er sie wirklich wahrgenommen oder eher desinteressiert weitergescrollt hat, kann diese Kennzahl noch nicht beantworten. Bei organischen Impressionen kann es sein, dass der Nutzer den Beitrag entweder in seinem Newsfeed oder auf der Explore Page gesehen hat. Im Falle des Newsfeeds ist davon auszugehen, dass der Beitrag ausreichend Aufmerksamkeit bekommen hat. Deswegen ist auch die Zahl der Abonnenten so wichtig. Handelt es sich um eine Impression auf der Explore Page, dann kann es sein, dass der Nutzer den Beitrag nicht weiter beachtet hat. Somit wäre er ihm auch nicht im Gedächtnis geblieben.

Impressionen finden sich später wieder: Beiträge haben schließlich immer auch ihre eigenen Kennzahlen. Bereits im Bereich nach den demografischen Daten zu den Abonnenten befinden sich die Zahlen für die einzelnen Beiträge. Zunächst führt dieser Bereich in eine Übersicht über alle Beiträge. Sie ist zunächst wenig aussagekräftig. Der Klick auf den einzelnen Beitrag führt in die Zahlen, die sich ausschließlich auf ihn beziehen. Dazu gehören auch die Impressionen des Beitrags. Sie beziehen sich immer auf den gesamten Zeitraum, den der Beitrag bereits online ist.

Ein Beitrag hört nie vollständig auf, Reichweite aufzubauen. Gleich nachdem er live gegangen ist, geht es natürlich am schnellsten. Wenn dann nicht zu einem späteren Zeitpunkt Werbeanzeigen geschaltet werden, wird kein solches Reichweitenwachstum mehr stattfinden. Viele Social-Media-Manager machen aber den Fehler, zu einem bestimmten Zeitpunkt die Impressionen eines Beitrags zu reporten und sie dann nicht mehr anzugleichen, wenn sie zu einem späteren Zeitpunkt wieder berichten müssen. In der Zwischenzeit kann der Beitrag allerdings weitere Reichweite aufgebaut haben, wenn auch nur im ein- oder zweistelligen Bereich.

Kommentare

In der Einzelansicht der Beiträge erscheint ein blauer Link „Insights anzeigen", wenn es sich um einen Instagram-Account für Unternehmen handelt. Hier kann man sich bequem ansehen, wie viele Kommentare der Beitrag erhalten hat.

Ein Kommentar ist ein Hinweis darauf, dass das Bild oder das Video es geschafft haben, mehr als nur schön auszusehen. Ein Like ist schnell einmal vergeben. Damit ein Nutzer einen Beitrag aber kommentiert, muss er sich zu diesem äußern wollen und durch den Beitrag zu einer Meinung inspiriert worden sein.

Es gibt Accounts, bei denen Kommentare eine weniger große Rolle spielen. Vor allem bei Branding-Kampagnen, die das Markenimage aufpolieren und kurze, prägnante Botschaften in den Köpfen festigen wollen, werden eher Likes als Kommentare eingehen. Handelt es sich hingegen um den Instagram-Account eines Influencers, der hierüber eine Geschichte erzählt, dann wäre es ein schlechtes Signal, wenn wenig Kommentare eingingen. Denn er will mit seiner Geschichte schließlich zum Gespräch und zum Austausch animieren und hätte sein Ziel verfehlt, wenn nur gelikt, aber nicht mit ihm geredet würde.

Ein erfahrener Social-Media-Manager könnte die Kommentare nun einzeln betrachten und aus ihnen eine Sentimentsanalyse ableiten. Er sucht dabei nach bestimmten Schlagworten, die eine gewisse Stimmung ausdrücken. Von Zustimmung bis zu Ablehnung kann er dabei nach jedem erdenklichen Muster suchen. Eine solche Analyse ist allerdings zeitaufwendig und oft gar nicht notwendig, denn bei einer überschaubaren Anzahl an Kommentaren lässt sich die Stimmung der Kommentatoren durch aufmerksames Lesen bereits ausreichend ableiten.

## Likes

In der Einzelstatistik der Beiträge und Storys tauchen natürlich auch die Likes auf. Sie sind im sozialen Netzwerk die einfachste und gleichzeitig am schnellsten getätigte Form von Interaktion. Ein Like ist schnell einmal vergeben, der Instagrammer begibt sich dazu gar nicht großartig aus seiner Anonymität heraus und dann ist er bereits wieder verschwunden. Die meisten Beiträge werden mehr Likes als jede andere Form von möglicher Interaktion haben.

Auf Instagram ist es derzeit noch nicht möglich, durch einen Like die tatsächliche Meinung über einen Beitrag kundzutun. Facebook führte vor einiger Zeit 6 verschiedene Formen von Likes ein, die verschiedene Meinungen zum Ausdruck bringen. Für die Analyse ist das viel wert. Allerdings hat Instagram diese Funktion derzeit nicht und so ist ein Like zunächst nicht mehr als ein Like, der viel bedeuten kann.

Gespeicherte Links

Eine noch wenig bekannte und genutzte Funktion auf Instagram sind gespeicherte Links. Wenn ein Beitrag besonders interessant wirkt und deswegen nicht gleich wieder verdrängt werden soll, dann kann der Nutzer ihn speichern. Wieder aufrufen kann er ihn später im Profil in der Sammlung aller gespeicherten Links.

Wie oft ein Beitrag gespeichert wurde, kann man sich in der Einzelansicht der Beiträge in deren Insights genau anzeigen lassen.

Gespeicherte Links sind natürlich viel wert. Denn selbst wenn ein Instagrammer einen Beitrag likt und kommentiert, er findet ihn danach nicht so leicht wieder. Oft wird auf Instagram aber nach Inspiration gesucht, die dann später in eine Kaufentscheidung einfließt. Umso besser, wenn sich der Nutzer seine gespeicherten Inspirationsquellen schnell und einfach wieder zurückholen kann, wenn es in die entscheidende Phase geht. Da die Funktion aber noch so unbekannt ist, wird sie auch noch nicht allzu oft genutzt und die Zahlen bleiben vermutlich eher klein.

## Kapitel 8.3: Welche Kennzahlen sind noch wichtig?

Instagram allein liefert zunächst eher wenige relevante Kennzahlen. Sie sind zwar interessant, reichen für die meisten Ziele aber nicht aus, um gehaltvolle Aussagen zu treffen. Deswegen werden die Zahlen meistens an einem anderen Speicherort erfasst, um mit ihnen weiterzuarbeiten. Daraus ergeben sich weitere Leistungskennzahlen, die für die Bewertung des Erfolgs im Instagram-Marketing wichtig sein können.

Interaktionsrate

Die Anzahl der Interaktionen sagt zunächst nur aus, wie viele Personen eine bestimmte Handlung ausgeführt haben. Die absoluten Zahlen allein können aber noch keine Aussage darüber treffen, ob das nun viel oder wenig ist.

Das kann nur die Interaktionsrate. Hierbei handelt es sich um den Anteil an Personen, die einen Beitrag gesehen und eine bestimmte oder irgendeine Interaktion ausgeführt haben. Die allgemeine Interaktionsrate kann bereits aufschlussreich sein, denn sie sagt aus, ob der Beitrag überhaupt gut angekommen ist oder eher nicht. Ist sie eher niedrig im einstelligen Prozentbereich, dann hielt sich das Interesse an der Thematik in Grenzen. Für den Social-Media-Manager kann das heißen, dass er seinen Beitrag inhaltlich anders gestalten oder an eine andere Zielgruppe richten muss, wenn es sich um eine Instagram Ad handelt. Ein Blick auf die Like-Rate oder die Rate der Kommentare kann Aufschluss darüber geben, ob der Beitrag eher flüchtig oder intensiver mit Aufmerksamkeit bedacht wurde.

Die Interaktionsrate wird errechnet, indem die Anzahl der Personen, die die gewünschte Interaktion ausgeführt haben, durch die Anzahl der Impressionen geteilt wird. Alternativ werden vorher alle möglichen Interaktionen summiert und diese Zahl wird durch die Impressionen geteilt. Das ergibt die gesamte Interaktionsrate.

Bei bezahlten Instagram Ads errechnet der Werbeanzeigenmanager von Facebook diese Kennzahl automatisch. Sie kann in verschiedenen Ebenen der Kampagne eingesehen werden und sich beispielsweise nur auf ein bestimmtes Anzeigenmotiv oder auf die gesamte Kampagne beziehen.

### Klickrate oder CTR

Ähnlich wie die Interaktionsrate errechnet sich die Klickrate. Sie wird häufig auch als CTR bezeichnet, dieses Kürzel leitet sich ab vom englischen Begriff Click-Through-Rate. Die CTR ist vor allem bei der Schaltung bezahlter Anzeigen relevant. Sie sagt aus, wie relevant die Anzeige für die Zielgruppe war – ähnlich wie die Interaktionen bei einem Beitrag. Wenn Anzeige, Targeting und Einstellungen der Kampagne zusammenpassen, dann sollte eine CTR im einstelligen Prozentbereich erreichbar sein. Alles, was darunter liegt, ist meistens als schlecht zu werten. Es kann aber natürlich auch Themen geben, die so schwer zu bewerben sind, dass eine CTR im Promillebereich realistischer ist.

Conversions

Die Messung von Konversionen gehört zu den Königsdisziplinen der Webanalyse. Es kann sich bei einer Konversion um den Abschluss eines jeden erdenklichen Ziels handeln. Häufig sind damit Bestellungen gemeint, also Käufe in einem Onlineshop. Genauso handelt es sich um eine Conversion, wenn ein Kunde über ein Bestellformular ordert oder seine Adresse in ein Formular auf einer Landingpage einträgt, sofern das Ziel die Sammlung von Adressen war.

Facebook ermöglicht auch in der Werbeschaltung auf Instagram ein Conversion Tracking. Hierfür ist der Facebookpixel erforderlich. Dieser wird an einer bestimmten Stelle auf der Website eingebunden, auf die die Instagram Ad den User nach seinem Klick weiterleitet. Dadurch kann direkt bei Facebook im Werbekonto eingesehen werden, wie häufig das Ziel der Kampagne erreicht wurde.

Daraus wiederum lässt sich eine Conversionrate errechnen. Dies ist der Anteil der Nutzer, die geklickt und dann auch tatsächlich das Ziel erfüllt haben, also beispielsweise die Bestellung abgeschickt haben. Normal sind bei gut laufenden Kampagnen Conversionraten im hohen Promille- oder im niedrigen einstelligen Prozentbereich. Liegen sie höher, dann spricht das für ein sehr interessantes und begehrliches Produkt oder für einen sehr gelungenen und optimierten Aufbau der Kampagne. Auch die Conversionrate wird vom Facebookwerbekonto selbst errechnet und ausgegeben.

Je nach Art der Conversion kann es sinnvoll sein, neben Facebook auch ein Webanalysetool hinzuzuziehen. Dies fällt jedoch eher in den Aufgabenbereich eines Performance-Marketing-Managers oder des Webanalysten, denn die Messung ist aufwendig und fachlich anspruchsvoll.

# Kapitel 9: Quo Vadis, Instagram?

Instagram war und ist eine der interessantesten Apps der Social-Media-Landschaft. Das immens schnelle Wachstum der einstigen iOS-App ist beeindruckend – dafür, dass sie lange Zeit nur für dieses eine Betriebssystem überhaupt zum Download angeboten wurde. Der große Erfolg der ersten Zeit wird stark auf die schönen Fotofilter bezogen. Sicherlich waren es aber nicht nur diese, sondern auch eine gute Portion Strategie und Kalkül, die die App zu dem werden ließen, was sie heute ist. Von Facebook aufgekauft zu werden ist ohne Frage eine Leistung für sich.

Marketing als strategiegetriebener Bereich eines Unternehmens muss langfristig denken. Sicherlich tickt das Onlinemarketing längst anders und reagiert flexibel und agil auf neue Trends. Dennoch ist es eine Überlegung wert, ob und wie Instagram auch in Zukunft eine Rolle spielen wird. Nimmt der Einfluss der App mit den schön gefilterten Fotos noch zu? Findet Instagram seinen festen Platz im Gefüge des Web 2.0 und behält seinen Status, wie es ihn heute hat? Oder wird die App nach und nach von den Newcomern am Himmel verdrängt, allen voran WeChat und Snapchat?

Inzwischen ist Instagram kein ganz junger Stern mehr am schnelllebigen Himmel der sozialen Netzwerke. Das ist aber auch gar nicht schlecht, denn so gilt Instagram inzwischen als eine der Größen im Social-Media-Marketing-Mix und hat sich etabliert. Nutzer wissen genau, was sie hier finden. Sie loggen sich ein mit dem Ziel, hochwertig gestaltete Inspiration zu finden und diese vielleicht auch gleich online zu erwerben. Sie vertrauen darauf, auf der Explore Page die Inhalte zu sehen, die sie auch sehen wollen. Daran arbeitet Instagram fortwährend und stellt durch Updates des Algorithmus in unregelmäßigen Abständen sicher, dass die Qualität erhalten bleibt. Instagram ist dadurch das

Sammelsurium für ein Publikum im eher jungen bis mittleren Alter – und somit für eine Vielzahl werbender Unternehmen interessant.

Durch die Übernahme durch Facebook gehört Instagram einem der stärksten Werbenetzwerke der Welt an. Finanziell stark ist die App allein dadurch und dürfte so manche Krise überstehen. Auch das ist eine wichtige Frage im Marketing, denn auf Instagram wird nicht wenig Werbebudget liegen gelassen.

Trotzdem schläft die Konkurrenz nicht. Auf dem asiatischen Markt haben sich Apps wie WeChat etablieren können, da unsere Social-Media-Anwendungen dort einfach nicht zur Verfügung stehen. Tatsächlich werden dadurch Einblicke in die Funktions- und Denkweise eines für uns fremden Marktes und einer anderen Kultur sichtbar, die wir andernfalls nicht erhalten hätten. Der Trend geht immer mehr in die Richtung des Direct Messaging. Das bedeutet, dass der Nutzer nicht mehr das Bedürfnis hat, seine Beiträge mit allen zu teilen, die ihm folgen. Vielmehr sucht er sich gezielt aus, mit wem er was teilt. Dabei will er aber nicht auf die multimediale Vielfalt verzichten, an die er sich mittlerweile schon gewöhnt und die er lieb gewonnen hat. Apps wie Snapchat haben versucht, sich diesen Trend zunutze zu machen. Dadurch wanderten die ganz jungen Zielgruppen, die auf diese Weise kommunizieren wollen, nach und nach aus Instagram und Facebook ab und landeten bei Snapchat und Co. Hätten die großen, etablierten Netzwerke den Trend verschlafen, dann wäre die Situation heute vielleicht eine andere. Mit den Instagram-Storys hat die App aber gekonnt reagiert und in den Augen vieler alteingesessener, aber auch junger und neuer User die Idee hinter Snapchat sogar noch verbessert.

Natürlich kann niemand vorhersehen, ob nicht bereits morgen das soziale Netzwerk ans Netz geht, das alles bisher Dagewesene übertrifft und ein Bedürfnis befriedigt, von dem wir noch gar nicht wussten, dass wir es überhaupt haben. Dennoch sieht es mit Blick in die Zukunft nach wie vor gut aus für Instagram. Eine Entscheidung, ins Instagram-Marketing einzusteigen, wird mit der richtigen Strategie und einer durchdachten, planvollen Umsetzung kein Unternehmen bereuen.

**LEGAL NOTICS:**

22904771R00078

Printed in Great Britain
by Amazon